本书受国家自然科学基金（41401148、41871133）、
湖南省社会科学基金（17ZDB053）、长沙市科技重大专项（kq2011002）资助

景观基因与地方认同：
侗族传统村落的实证

杨立国 著

中山大学出版社
·广州·

版权所有　翻印必究

图书在版编目（CIP）数据

景观基因与地方认同：侗族传统村落的实证/杨立国著．—广州：中山大学出版社，2022.1
ISBN 978-7-306-07438-6

Ⅰ．①景…　Ⅱ．①杨…　Ⅲ．①侗族—村落文化—景观—研究—中国　Ⅳ．①K287.2

中国版本图书馆 CIP 数据核字（2022）第 026107 号
审图号：GS（2021）8672 号

出 版 人：	王天琪
策划编辑：	李海东
责任编辑：	李海东
封面设计：	曾　斌
责任校对：	赵　婷
责任技编：	靳晓虹

出版发行：中山大学出版社
电　　话：编辑部 020-84110283，84113349，84111997，84110779，84110776
　　　　　发行部 020-84111998，84111981，84111160
地　　址：广州市新港西路 135 号
邮　　编：510275　　　　　传　真：020-84036565
网　　址：http://www.zsup.com.cn　　E-mail:zdcbs@mail.sysu.edu.cn
印 刷 者：佛山市浩文彩色印刷有限公司
规　　格：787mm×1092mm　1/16　11.25 印张　250 千字
版次印次：2022 年 1 月第 1 版　2022 年 1 月第 1 次印刷
定　　价：48.00 元

如发现本书因印装质量影响阅读，请与出版社发行部联系调换

前　言

　　改革开放以来，我国经济社会发展和城镇化取得了举世瞩目的成就。但是，与此同时，许多文化底蕴深厚、历史悠久辉煌、地域特色鲜明、保护与传承价值巨大的传统村落，在经济的快速发展和城镇化的快速推进中纷纷湮灭。村落文化传承与景观保护已成为我国经济社会发展面临的主要挑战之一。传统村落是指那些经历了较长历史沿革，始建年代久远，至今仍然以从事农业生产为主和农业人口居住，而且保留着传统居住形态和文化形态的村落。文化基因（meme）是指文化"遗传"的基本单位，文化景观基因则是文化景观遗传、变异、选择的基本单位。传统村落景观基因是传统村落文化"传承"的基本单位，也是传统村落文化景观相互区别的文化因子。目前有关传统村落文化景观基因研究的主要内容有建筑文化、聚落形态和地域文化三个方面。其中，建筑文化涉及建造哲理、建筑原型、建筑色彩、建造工艺以及乡土建筑的建造组织方式、自建模式和自建过程，聚落形态涉及建筑形态、地块规模和用地单元，地域文化则涉及原始图腾、民间傩戏、风水环境和装饰图案结构。这些研究各有侧重，对文化景观基因的分尺度综合认知研究则鲜有涉及。景观是形成认同的基本元素，地方认同构建以景观为媒介。目前关于地方认同构建的研究，主要集中在地方认同的概念、地方认同的维度、地方认同的构建过程、地方认同构建机制、地方认同构建主体作用、地方认同与空间规划的关系；在地方认同构建的作用因素中主要涉及节事、民间祠神、节庆、文本、移民、书法、祠堂，而对地方文化基因的构建作用关注较少。

　　本书以侗族传统村落为研究对象，以景观基因为切入点，通过识别侗族传统村落的景观基因和界定其居民感知的维度，分析景观基因的感知与地方认同特征及其空间差异，在此基础上，借助结构方程模型，探讨侗族传统村落景观基因在地方认同构建中的作用效应及其机制，以期丰富景观基因的感知研究和地方认同构建的作用因素研究。

　　本书在对中国传统村落文献分析和调查研究的基础上，确定了侗族传统村落 108 个；发现了侗族传统村落主要分布在黔桂湘三省（区）接合地带且南多北少、聚族而居、山涧坪坝环境、围鼓楼布局的景观格局特点，微观意向强、宏观意向弱的景观意向特征。从侗族传统村落景观系统的村落建筑、村落布局、村落环境和村落文化四个方面，在对民居特征、主体性公共建筑、布局形态、环境特征和文化特征进行基因分析的基础上，遵循唯一性（外在、内在和局部）原则和总体优势性原则，结合对案例地居民的无结构式访谈、参与式观察和集体访谈，同时兼顾景观基因的尺度，将侗族传统村落的景观基因识别结果确定为：鼓楼、萨坛、围鼓楼布局、杉山溪田。

本书通过对侗族传统村落景观基因的空间差异分析，发现：①北侗地区穿型鼓楼居多，黎平、从江、榕江等地中心柱式鼓楼较为普遍，三江、龙胜等地非中心柱式鼓楼普遍；②黎平、从江、通道等地房屋型萨坛较多，三江、龙胜等地露天型萨坛居多；③镇远、玉屏、新晃、三穗、天柱、锦屏、剑河等地的河流和铁路沿线地区属于杉林缺失型环境，距离水系较远的南侗的黎平、榕江、从江、三江、通道、龙胜等地属于溪田缺失型环境，黎平、从江、通道、三江等地沿河地区属于完整型环境；④聚居区内主要河流沿岸的河谷地分布河谷条带型景观基因结构，沿岸山坡地分布山坡条带型景观基因结构，主要支流的平坝山凹处分布河谷组团型景观基因结构。根据景观基因和景观认知的研究成果，将侗族传统村落景观基因的感知界定为物质形态、功能作用和文化意义三个维度。其中，物质形态分为颜色（或组成）、形状、层数（或范围）和图案（图形），功能作用分为原初功能、附加功能和现代功能，文化意义分为吉祥寓意、符号象征和生态和谐。侗族传统村落景观基因的地方认同则分为认知认同、情感认同、意向认同三个维度。

本书以通道芋头、黎平肇兴、三江高定等三个侗寨为案例，分析了侗族传统村落景观基因的感知与地方认同的总体特征，得出：鼓楼是感知度与地方认同度最高的；物质形态的感知度较高，情感认同和意向认同的认同度较高；颜色、原初功能、生态意义的感知度较高，组成性、愉悦感和活动意向的认同度较高。分析了侗族传统村落景观基因的感知与地方认同的村落差异，得出：芋头村的景观基因整体感知度最高，高定村的景观基因地方认同度最低；肇兴村的物质形态感知度最高，芋头村的情感认同和意向认同度最高；肇兴村的颜色、形状、大小要素感知度最高，芋头村的自豪感、推荐意愿、保护意愿要素认同度最高。分析了侗族传统村落景观基因的感知与地方认同的村域差异，得出：微观尺度景观基因的感知度和地方认同度比宏观尺度景观基因高；常年在外者感知度和地方认同度最高，附近兼业者感知度和地方认同度最低；本地居民的空间感知比外来经营者要精细，本地居民倾向于村落文化景观认知,外来经营者倾向于功能景观认知;本地居民和外来经营者对侗族传统村落都有较强的愉悦感和归属感,但前者更强烈;本地村民与外来经营者的行为意向割裂严重。通过构建结构方程模型,分析景观基因在地方认同构建中的作用,结果发现:侗寨景观的四个基因均对地方认同构建产生了积极作用,且其作用大小呈现萨坛>围鼓楼布局>杉山溪田>鼓楼的顺序;景观基因在地方认同构建中的作用效应是意向认同>情感认同>认知认同;在地方认同测量模型中,居住时间、出生地、职业、收入、村落发展、教育程度、居民类型、鼓楼、萨坛、围鼓楼布局、杉山溪田等因素对地方认同的影响明显;在个人特征、社会经济、景观基因三个测量模型中,居住时间对个人特征影响最明显,村落发展对社会经济影响最强,萨坛对景观基因感知贡献最大;个人特征、社会经济因素共变后通过景观基因感知对地方认同产生间接效应。

本书运用 SPSS 的相关分析,发现年龄、居住时间、出生地等个人特征和职业、教育程度、收入水平、居民类型、村落发展等社会经济因素,对景观基因的地方认同构建影响程度较高;运用因子分析,发现侗族传统村落景观基因在认知、情感、意向等三个心理过程中对地方认同的形成有显著影响;依据结构方程模型的路径系数分析,发现侗族传统村落景观基因在地方认同构建中具有刺激反应和强化激励两种机制。

最后,本书针对传统村落景观基因在地方认同构建中的作用机制,提出了三条响应途径:从居民文化水平、居民在村寨的停留时间、女性居民的家庭地位、创新民俗活动等方面提出了侗族传统村落景观基因的主体性保护途径;从景观基因的要素挖掘、景观基因的数字化途径与数据库建立、景观基因的云平台搭建等方面提出了侗族传统村落景观基因的数字化保护途径;从景观基因的产业应用、景观基因的完整性传承、景观基因的生态博物馆的建立等方面提出了侗族传统村落景观基因的活态化保护途径。

杨立国
2020 年 11 月

目 录

第1章 景观基因与地方认同的研究缘起 ······················· 1
1.1 研究背景与意义 ·· 1
1.1.1 研究背景 ·· 1
1.1.2 研究意义 ·· 1
1.2 研究内容与框架 ·· 3
1.2.1 研究内容 ·· 3
1.2.2 研究方法 ·· 5
1.2.3 研究技术路线 ·· 5
1.3 研究对象与案例选取 ·· 7
1.3.1 研究对象 ·· 7
1.3.2 案例选取 ·· 7
1.3.3 案例概况 ·· 9
1.4 资料来源与处理 ·· 12
1.4.1 一手数据 ·· 12
1.4.2 二手数据 ·· 13
1.4.3 数据处理 ·· 14

第2章 景观基因与地方认同研究进展 ······················· 15
2.1 概念界定 ·· 15
2.1.1 传统村落 ·· 15
2.1.2 侗族传统村落 ·· 15
2.1.3 景观基因 ·· 16
2.1.4 地方认同 ·· 16
2.2 研究进展 ·· 17
2.2.1 景观基因研究 ·· 17
2.2.2 地方认同研究 ·· 24
2.2.3 侗族传统村落研究 ······································· 29

第3章 侗族传统村落的景观特征及基因分析 ········· 32
3.1 传统村落及其空间特征 ········· 32
3.1.1 传统村落的基本概况 ········· 32
3.1.2 国家公布的传统村落空间分布 ········· 36
3.1.3 传统村落的景观分异 ········· 41
3.1.4 传统村落的外部形态分异 ········· 51
3.2 侗族传统村落及其景观特征 ········· 60
3.2.1 侗族传统村落的空间分布特征 ········· 60
3.2.2 侗族传统村落的景观格局特征 ········· 64
3.2.3 侗族传统村落的景观意象特征 ········· 65
3.3 侗族传统村落的景观基因识别 ········· 70
3.3.1 侗族传统村落景观基因的识别系统 ········· 70
3.3.2 侗族传统村落景观要素的基因分析 ········· 71
3.3.3 侗族传统村落景观的基因识别确认 ········· 73
3.4 侗族传统村落景观基因的空间差异 ········· 74
3.4.1 侗族传统村落鼓楼景观基因的空间差异 ········· 74
3.4.2 侗族传统村落萨坛景观基因的空间差异 ········· 75
3.4.3 侗族传统村落杉山溪田景观基因的空间差异 ········· 76
3.4.4 侗族传统村落景观基因空间结构的空间差异 ········· 78

第4章 侗族传统村落景观基因的感知与地方认同 ········· 81
4.1 侗族传统村落景观基因的感知与地方认同分析 ········· 81
4.1.1 景观基因的感知与地方认同维度分析 ········· 81
4.1.2 景观基因的感知与地方认同调查分析 ········· 82
4.1.3 景观基因的感知与地方认同统计分析 ········· 83
4.2 侗族传统村落景观基因感知与地方认同总体特征 ········· 85
4.2.1 景观基因整体的感知与地方认同特征 ········· 85
4.2.2 景观基因维度的感知与地方认同特征 ········· 91
4.2.3 景观基因要素的感知与地方认同特征 ········· 93
4.3 侗族传统村落景观基因感知与地方认同的村落差异 ········· 95
4.3.1 景观基因整体感知与地方认同的村落差异 ········· 95
4.3.2 景观基因维度感知与地方认同的村落差异 ········· 96
4.3.3 景观基因要素感知与地方认同的村落差异 ········· 98

目　录

4.4 侗族传统村落景观基因感知与地方认同的村域差异 …………… 99
  4.4.1 景观基因尺度的差异 …………………………………… 99
  4.4.2 本地居民之间的差异 …………………………………… 101
  4.4.3 本地居民与外来经营者的差异 ………………………… 102
4.5 侗族传统村落景观基因感知与地方认同差异的原因分析 ……… 110
  4.5.1 景观基因感知与地方认同总体差异的原因 …………… 110
  4.5.2 景观基因感知与地方认同村落差异的原因 …………… 110
  4.5.3 景观基因感知与地方认同村域差异的原因 …………… 110

第5章　侗族传统村落景观基因在地方认同构建中的作用 …………… 112
5.1 侗族传统村落景观基因在地方认同构建中的作用因素 ………… 112
  5.1.1 景观基因在地方认同构建中的个人因素分析 ………… 113
  5.1.2 景观基因在地方认同构建中的因素综合分析 ………… 117
  5.1.3 景观基因在地方认同构建中的因素类型分析 ………… 119
5.2 侗族传统村落景观基因在地方认同构建中的作用效应 ………… 120
  5.2.1 景观基因在地方认同构建中的作用统计 ……………… 121
  5.2.2 景观基因在地方认同构建中的作用模型 ……………… 122
  5.2.3 景观基因在地方认同构建中的作用效应 ……………… 125
5.3 侗族传统村落景观基因在地方认同构建中的作用过程 ………… 127
  5.3.1 景观基因在地方认同构建中的作用过程理论分析 …… 127
  5.3.2 景观基因在地方认同构建中的作用过程因子分析 …… 127
  5.3.3 景观基因在地方认同构建中的作用过程关联分析 …… 128
5.4 侗族传统村落景观基因在地方认同构建中的作用机制 ………… 129
  5.4.1 景观基因在地方认同构建中的刺激反应机制 ………… 130
  5.4.2 景观基因在地方认同构建中的强化激励机制 ………… 130

第6章　基于地方认同的侗族传统村落景观基因保护 ………………… 133
6.1 基于地方认同的侗族传统村落景观基因保护 …………………… 133
  6.1.1 主体性保护 ……………………………………………… 133
  6.1.2 数字化保护 ……………………………………………… 134
  6.1.3 活态性保护 ……………………………………………… 135
6.2 基于地方认同的侗族传统村落景观基因传承 …………………… 136
  6.2.1 博物馆传承 ……………………………………………… 136

6.2.2 消费性传承 …………………………………………………… 137
  6.2.3 教育性传承 …………………………………………………… 141

参考文献 …………………………………………………………………… 142
附录1 侗族传统村落景观基因感知与地方认同调查问卷 ………… 156
附录2 侗族传统村落景观基因感知与地方认同访谈提纲 ………… 159
附录3 侗族传统村落非物质文化景观调查与访谈提纲 …………… 160
附录4 调查照片及彩图 ……………………………………………… 161
后　记 …………………………………………………………………… 169

第1章 景观基因与地方认同的研究缘起

1.1 研究背景与意义

1.1.1 研究背景

（1）理论背景。

聚落文化遗产保护一直是聚落地理学、形态学、历史学、类型学、建筑学、遗产学、旅游学等多个学科关注的重要问题[1]，并取得了一些研究成果；但其大都侧重于对聚落文化遗产本身的研究，对文化遗产认同的研究较少，特别是对地方认同构建中的文化景观基因的作用关注不够。认同是传承和保护聚落文化遗产的主体和关键，开展聚落文化景观认同的构建作用及其形成机制研究，对聚落文化遗产的保护和传承具有巨大的促进作用。

（2）现实背景。

改革开放以来，我国经济社会发展和城镇化取得了举世瞩目的成就。与此同时，传统村落，特别是历史文化名村名镇面临着被急剧毁坏的厄运，许多文化底蕴深厚、历史悠久辉煌、地域特色鲜明、保护与传承价值巨大的传统聚落，在经济的快速发展和城镇化的快速推进中纷纷湮灭。聚落文化传承与景观保护已成为我国经济社会发展面临的主要挑战之一。[2]建设部（现住房和城乡建设部）和国家文物局组织评选"中国历史文化名村名镇"，自2003年起至2019年1月31日，公布了7批国家历史文化名村名镇共799个。与此同时，很多省（区）也开展了省级历史文化名镇名村评选。这些入选的各级历史文化名镇名村也仅仅是散落在我国广大地域中的一小部分，即使是入选的这部分也同样面临着保护的问题。因此，中国传统村落景观保护研究任重而道远。

1.1.2 研究意义

本书紧扣聚落文化遗产保护和传统村落发展这一当前中国经济社会发展

的前沿课题，针对如何解决侗族传统村落发展中出现的问题进行选题，从侗族文化保存最完整的南侗地区选择旅游发展程度不同的三个侗寨作为研究对象，运用景观基因、符号表征、心理感知、地方认同等相关理论，在识别景观基因的基础上，根据居民感知指标和地方认同语句项调查数据，构建侗族传统村落景观基因在地方认同构建中作用的理论模型并进行测度，最后探讨景观基因在地方认同构建中的作用机制，具有重要的理论意义及现实价值。

（1）理论意义与科学价值。

本研究的理论意义和科学价值主要有：

第一，从侗族传统村落景观基因的识别入手，探讨了侗族传统村落景观基因的识别系统，分析了侗族传统村落景观要素的基因，确定了侗族传统村落景观基因的识别结果，提出了景观基因的空间结构，丰富了景观基因研究的内容。

第二，从景观基因的感知入手，探讨了景观基因居民感知的特征，揭示了景观基因感知的空间差异，丰富了景观认知研究的内容。全面分析了景观基因感知的维度，设计了景观基因感知的测量指标，归纳了景观基因感知的总体特征，分析了景观基因感知的村落之间的差异，比较了景观基因感知的村落内部居民活动范围的差异，对比了本地居民与外来经营者的景观基因感知差异。

第三，从景观基因感知与地方认同的关系入手，探讨了景观基因在地方认同构建中的作用机制，揭示了景观基因在地方认同构建中的作用效应，丰富了地方认同研究的内容。全面分析了景观基因在地方认同构建中的作用因素，指出了景观基因在地方认同构建中的作用过程，测度了景观基因在地方认同构建中的作用效应，归纳了景观基因在地方认同构建中的作用机制。

（2）实践意义与应用价值。

本研究的实践意义和应用价值主要有：

第一，全面分析了侗族传统村落的景观特点，系统识别了侗族传统村落的景观基因，甄别确认了居民认同的景观基因结果，提出了景观基因的空间结构，为侗族传统村落景观的保护内容提供了可靠依据，具有现实的指导意义。

第二，全面分析了侗族传统村落景观基因的感知与地方认同维度，系统分析了影响侗族传统村落景观基因的感知与地方认同的影响因素，总结了侗族传统村落景观基因地方认同构建的作用机制，为提高侗族传统村落的地方认同指明了方向，其应用价值非常明显。

第三，在全面分析侗族传统村落景观基因地方认同的特点和作用机制的基础上，提出了居民主体性保护的响应途径、政府数字化保护的响应途径和活态性保护互动保护的响应途径，总结了各种响应途径的具体策略，为侗族传统村落文化遗产的保护提供了借鉴，具有实践指导意义。

1.2 研究内容与框架

本研究的主要科学问题是聚落景观基因在地方认同构建中的作用机制。从聚落文化地理学和环境心理学的角度，以景观基因感知与地方认同为切入点，研究侗族传统聚落景观基因有哪些，然后分析景观基因感知的维度和测量指标以及景观基因地方认同的维度和语句项。以此为基础构建侗族传统聚落景观基因感知对地方认同的理论模型和结构方程模型，研究侗族传统聚落景观基因的居民感知对地方认同差异作用如何、不同基因的作用差异怎样、作用机制是什么，以期揭示侗族传统聚落景观基因的居民感知对地方认同的作用机制，丰富景观基因的理论，探讨地方认同的景观基因视角，以及通过提高聚落景观基因的居民感知与认同度来提高聚落文化遗产保护的有效性。

1.2.1 研究内容

（1）传统村落空间分布及景观分异。

根据目前已公布的五批传统村落名录，运用GIS的空间分析方法，对传统村落的空间分布进行分析，运用文献和实地调查方法，分析确定侗族传统村落名单，并对其空间分布、景观格局、意象特点进行分析。

（2）侗族传统村落景观基因确定。

从侗族传统村落景观系统的村落建筑、村落布局、村落环境、村落文化等方面，对民居特征、主体性公共建筑、布局形态、环境特征和文化特征等进行基因分析，根据外在唯一性、内在唯一性、局部唯一性和总体优势性原则，以及居民访谈与观察结果，对侗族传统村落景观基因进行确定。并在此基础上，对侗族传统村落景观基因在聚居区内的空间差异进行分析。

（3）侗族传统村落景观基因的居民感知分析。

将侗族村落景观基因的居民感知分为物质形态感知、功能作用感知和文化意义感知三个维度，然后将每个景观基因的感知维度用一系列指标衡量，如鼓楼的物质形态感知维度包括鼓楼的颜色、形状、层数、图案四个指标，鼓楼的功能作用感知维度包括原初功能作用、现代功能作用、附加功能作用三个指标，鼓楼的文化意义感知维度包括吉祥寓意、符号象征、生态和谐三个指标。

（4）侗族传统村落景观基因的地方认同分析。

基于景观基因的侗族传统村落地方认同可以分为认知、情感和意向三个维度，然后将景观基因地方认同的每个维度用一系列的自编语句项来反映，如鼓楼的地方认同语句项为：鼓楼是侗族独特的景观。/鼓楼是侗文化的重要文化景观。/鼓楼是侗寨的重要组成部分。/我非常喜欢去侗寨的鼓楼。/我愿意向他人推荐侗寨鼓楼。/侗寨举行鼓楼活动让我感到骄傲和自豪。/参加鼓楼活动让我产生对侗寨的归属感。/参加鼓楼活动让我感到我是侗寨的一分子。/参加鼓楼活动让我对侗寨产生认同感。

（5）侗族传统村落景观基因在地方认同构建中的作用分析。

结合景观基因和地方认同的相关理论和前述分析，建立侗族传统村落景观基因在地方认同构建中的作用的结构方程模型，共提出两个研究假设（景观基因感知对地方认同构建存在积极正向作用，景观基因感知对地方认同构建存在差异性），细化为九个研究假设（景观基因存在感知对地方认知存在积极作用，景观基因存在感知对地方情感存在积极作用，景观基因存在感知对地方意向存在积极作用；景观基因功能感知对地方认知存在积极作用，景观基因功能感知对地方情感存在积极作用，景观基因功能感知对地方意向存在积极作用；景观基因文化感知对地方认知存在积极作用，景观基因文化感知对地方情感存在积极作用，景观基因文化感知对地方意向存在积极作用）。根据前述的侗族传统村落景观基因的居民感知指标体系和地方认同语句项，在南侗地区选择旅游发展程度不同的三个典型侗寨进行实地调查、问卷访谈，对每个指标和语句项均采用5分制李克特量表进行测量。然后将测量数据代入结构方程进行模型检验修正，从而验证研究假设。

（6）侗族传统村落景观基因在地方认同构建中的作用机制。

依据侗族传统村落景观基因在地方认同构建中的作用分析结果与数据，深入探讨居民属性（包括年龄、性别、居住时间、出生地、教育程度、婚姻状况等）等内在影响因素和家庭结构、交通设施、信息水平、经济收入等外在影响因素对地方认同构建的作用情况，并运用数学模型进行单要素和多要素分析，试图总结侗族传统村落景观基因在地方认同构建中的作用机制。

(7) 基于地方认同的侗族传统村落景观基因的保护响应。

基于前文的理论和实证研究，从村落景观基因的居民感知与地方认同的差异和作用机制两个方面提出了传统村落景观保护的三条响应途径（主体性保护—居民响应，数字化保护—政府响应，活态性保护—互动响应），希望对侗族传统村落景观基因的保护提供一些参考。

1.2.2 研究方法

(1) 历史文献分析与生物基因分析相结合的方法。

运用历史学的文献分析法加强对传统聚落文化景观特征和景观基因的判识，借助生物学的基因分析法寻找传统聚落景观的主体基因、附属基因和变异基因。

(2) 社会访谈分析与环境心理分析相结合的方法。

借助社会学的集体访谈法、深度访谈法等方法，进行聚落景观基因的感知与认同调查；借助环境心理学的环境认知、空间行为关联分析法，进行聚落景观基因在地方认同构建中的作用假设分析。

(3) 定性分析与定量研究相结合的方法。

运用 RS、GIS 等技术手段和结构方程模型，借助经济社会数据和调查访谈数据对景观基因对地方认同构建作用做定量分析，并做出定性描述。

1.2.3 研究技术路线

本书以传统村落景观丰富、保存度较好、分布集中连片的侗族村落为研究对象，运用景观基因、符号表征、心理感知、地方认同的相关理论，在文献解读、实地调查、影像判读的基础上，首先，识别侗族村落的景观基因，科学划分村落景观基因的居民感知维度及地方认同维度；其次，确定村落景观基因的居民感知评价指标和地方认同评价语句项；然后，构建村落景观基因居民感知对地方认同构建的理论模型，利用问卷访谈数据和结构方程模型进行假设检验；最后，综合历史建筑、布局、环境、民俗、经济、交通等数据，系统分析侗族传统村落景观基因居民感知对地方认同构建作用的机制，并提出基于景观基因感知与地方认同的传统村落保护响应途径（图1.1）。

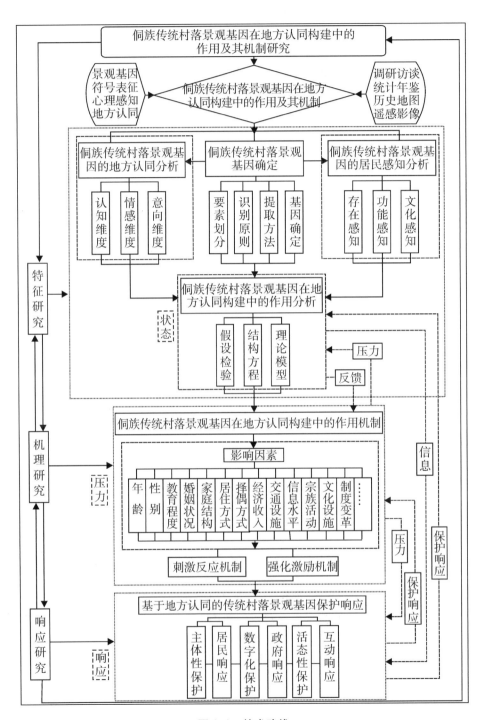

图 1.1 技术路线

1.3 研究对象与案例选取

1.3.1 研究对象

本书选取侗族传统村落作为研究对象，主要有以下考虑：一是侗族传统村落主要分布在中国西南部（图1.2），东经108°—110°、北纬25°—31°之间的黔桂湘三省（区）交界毗邻区和湖北省恩施土家族苗族自治州[①]的宣恩、恩施、咸丰、利川、来凤，东西宽距350公里，南北长距600公里，为一长形地带，面积5万多平方公里。[3] 其中，处于㵲阳河、清水江流域的北部侗族地区（贵州天柱、锦屏、三穗、剑河、玉屏、镇远等）属于长江水系，处于都柳江沿岸的南部侗族地区（贵州黎平、榕江、从江，湖南通道，广西三江、龙胜、融水等）属珠江水系，两大水系接触中原汉文化有时间上的先后差异，因而村落文化景观也有很大差异。二是侗族传统村落文化景观丰富，且聚居区内差别很大（有南北差异、寨间差异、寨内差异等），但其景观基因正面临消失的危险，保护和传承任重道远。经过几年的调查和准备，黔桂湘三省（区）六县（黎平、榕江、从江、三江、绥宁、通道）联合提交的侗族村寨申报项目，2012年成功被列入《中国世界文化遗产预备名单》。三是笔者的导师多年来从事建筑文化地理研究，取得了一定的研究成果；笔者工作单位的研究团队主要从事聚落文化地理研究，目前正开展"古村古镇文化遗产数字化传承"的省级协同创新研究。这些为研究的进行提供了多方面的支持与帮助。

1.3.2 案例选取

侗族传统村落众多（目前已公布的就有108个），涉及四省（区）的40多个县，要对所有侗族传统村落进行全方位的研究可谓困难重重，也未必可取，采取案例研究是一种可行的途径。因此，如何选择案例就显得尤为重要。案例选择主要考虑以下原则：①景观基因保持完整度。侗族传统村落景观主要有鼓楼、风雨桥、萨坛（又称萨堂）、吊脚楼、戏台、凉亭等，所选

[①] 考虑到行文（尤其是表格中）简洁的需要，本书以下涉及的民族自治地方（自治区、自治州、自治县）的名称时一般使用简称。

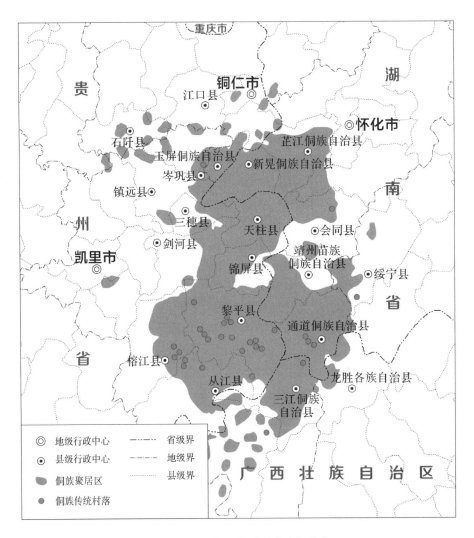

图1.2 中国侗族传统村落空间分布

择的案例必须完整地保留有这些文化景观。②行政区域的代表性。侗族传统村落主要分布在黔桂湘三省（区），因此，案例最好在这三个省（区）都有。③社会经济发展程度。随着现代化、城镇化、信息化的发展，侗族传统村落的社会经济也得到了不同程度的发展。为了更好地分析社会经济发展对景观基因地方认同的影响，选取案例时也要考虑到此。④调查研究的可行性。实地调查获取资料是本研究的重要方法，因此，选取的案例要能够方便进入，即可进入性也要重点考虑。

根据以上原则，我们选取了湖南省通道县芋头侗寨（保持完整，旅游开发初期）、贵州省黎平县肇兴侗寨（面积较大，旅游开发成熟期）、广西壮族自治区三江县高定侗寨（海拔较高，未开发旅游）作为调查研究案例（表1.1）。

表1.1 研究案例基本情况

案例	所属地区	平均海拔	对外交通条件	村落人口数量	景观完整性	社会经济发展	旅游开发程度
芋头侗寨	湖南通道	830 m	距离乡政府2 km，有村道对外连接	约150户，800人	鼓楼4座，风雨桥3座，吊脚楼78座	人均年收入3900元，高中以上文化水平比例11%	2001年开发旅游，现处于初期
肇兴侗寨	贵州黎平	460 m	乡政府所在地，有县道对外连接	约800户，4000多人	鼓楼5座，风雨桥5座，戏台5座，萨坛3座，吊脚楼800多座	人均年收入4800元，高中以上文化水平比例15%	1999年开发旅游，现处于开发成熟期
高定侗寨	广西三江	1000 m	距离乡政府3.5km，有村道对外连接	500多户，2400人	鼓楼7座，风雨桥3座，吊脚楼500多座	人均年收入2500元，高中以上文化水平比例6%	到目前还未开发旅游

1.3.3 案例概况

（1）芋头侗寨。

芋头侗寨始建于明洪武年间，位于通道县双江镇西南9公里处的芋头村，由下寨、中寨、上寨三个寨组成，占地约11.6万平方米，约150户800人。该村落坐落于丘陵谷地之中，芋头溪自西向东流过谷地，海拔560～1100米山坡的植被以松、杉、油茶树为主。历经明清两代续建，后遭火灾，几经复建，形成今天的格局。芋头侗寨至今仍完整地保留着明朝建筑格局和清代中期建筑实物，其中有鼓楼4座，风雨桥3座，侗族吊脚楼78座（图

1.3），具有较高的历史价值和研究价值，被专家称为侗族建筑的"实物博物馆"，已被列入第5批全国重点文物保护名录。2001年开发旅游，人均年收入3900元，高中以上文化水平比例11%。

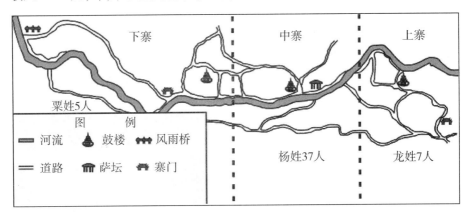

图1.3　湖南通道芋头侗寨景观遗存分布

（2）肇兴侗寨。

广义的肇兴侗寨包括肇兴寨、己伦寨、纪堂寨、登江寨、厦格寨、堂安寨、上地坪寨、登杠寨以及萨岁山，称"八寨一山"。本书所指的是狭义的肇兴寨，是肇兴侗寨群的中心，始建于南宋正隆年间，是肇兴乡政府所在地。分上、中、下三寨，占地18万平方米，约800户4000多人，是全国最大的侗寨之一，被誉为"侗乡第一寨"；共分仁、义、礼、智、信五个团，所有居民都姓陆。该村落坐落于丘陵谷地之中，两条小溪汇成一条小河穿寨而过。平均海拔460米，年降水量1200毫米，年平均气温16.3℃。至今完好地保存着侗族传统村落布局、质朴的侗族传统生活气息和以世界遗产侗族大歌为代表的侗族传统文化习俗，其中有鼓楼5座，风雨桥5座，戏台5座，萨坛3座，吊脚木楼800多座，聚落文化景观遗存丰富（图1.4），被专家称为侗族建筑的"实物博物馆"，已被列入《中国世界文化遗产名录》。1999年开发旅游，人均年收入4800元；高中以上文化水平比例15%。

（3）高定侗寨。

高定侗寨始建于明万历年间，位于三江县独峒乡东北3.5公里处的高定村，占地约9.7万平方米，500多户约2400人。该村落坐落于高山谷地之中，海拔1000米山坡的植被以松、杉、油茶树为主。历经明清两代续建，后遭火灾，几经复建，形成今天的格局。高定侗寨至今仍完整地保留着明朝

第1章 景观基因与地方认同的研究缘起

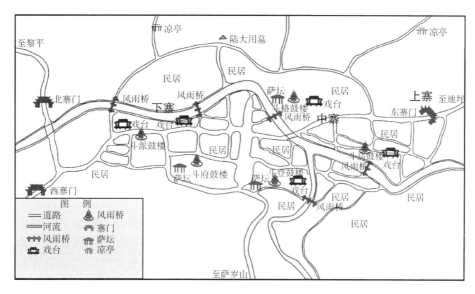

图 1.4 贵州黎平肇兴侗寨景观遗存分布

建筑格局和清代中期建筑实物,其中有鼓楼 7 座,风雨桥 3 座(现存 1 座),吊脚楼 500 多座,多为三四层,最为著名的当属"五通楼"(又名"独柱楼"),其建筑技艺精湛,堪称建筑界的经典(图 1.5)。人均年收入 2500 元,高中以上文化水平比例 6%。到目前为止还未开发旅游。

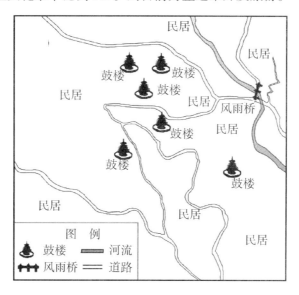

图 1.5 广西三江高定侗寨景观遗存分布

11

1.4 资料来源与处理

本研究所需的数据主要来源于文献资料、统计资料、地图数据和调研资料，可以将其分为一手数据和二手数据两大类。

1.4.1 一手数据

（1）实地观测数据。

实地观察是人文地理学的重要研究方法。在实地观察中，观察者的角色和视角决定了实地观察的视域。对于笔者来说，侗寨的生活和居民身份未曾尝试过。所以，为了能够适应侗寨居民的角色，从2011年开始，笔者开始深入接触侗族的居民。根据便利原则，首先去湖南省怀化市通道县进行体验（笔者所在工作单位2010级地理科学专业有三名湖南省通道县的侗族学生），在调研过程中一直都住在侗寨居民家中，通过观察侗寨居民的言谈与生活方式，努力将自己带入侗寨居民的角色；同时，又努力将自己抽离，与侗寨居民保持一定的距离，以保持学术研究的客观性。笔者观察过的侗族村寨包括贵州省的从江、黎平、锦屏、天柱、剑河、镇远、玉屏、同仁，湖南省的芷江、会同、靖州、通道、绥宁、洞口、黔阳，广西壮族自治区的三江、龙胜和湖北省的恩施、来凤等近20个县的60多个村，获取的第一手资料包括：

第一，以学术观察者的身份观察侗寨的建筑景观、侗寨的布局方式、侗寨的地形环境，掌握侗寨文化景观的空间特征，拍摄了相关建筑及侗寨布局的照片200多张、地图30多幅。

第二，以侗寨居民的身份进入侗寨，进行实地考察，尽量将自己作为普通的侗寨居民，了解侗寨居民对侗寨景观基因的实际感受，并实际体会侗寨居民的地方认同。参与侗寨侗歌节3次，鼓楼内举行的白喜事2次，红喜事1次，议事活动4次，休闲活动50多次，萨坛祭祀活动1次。

第三，以经营者的身份实际体验芋头侗寨以及肇兴侗寨，体验既作为经营者又作为居民的群体对侗寨的实际感受。访谈外地经营者与本地居民的夫妻5对，帮助外来经营者经营商品3天，帮助居民收割水稻2天。

（2）访谈数据。

访谈法不仅是定性研究中常用的研究方法，也是地方认同研究的经典研究方法。虽然正式访谈与日常谈话之间存在区别，但是一般情况下正式访谈不易得到理想结果。首先，在访谈政府领导或者经营者时，通常不能按照事先拟好的提纲发言，大部分时间只能由对方引导话题；其次，"严阵以待"的结构式访谈，受访者通常并不会表达其真实想法；再次，在侗寨鼓楼的特殊环境下，很难进行严密的结构式访谈，也很难得到访谈者的配合；最后，结构式访谈也容易加入研究者的主观意愿，从而影响研究的客观性。因此，只要是受访者提供的信息具有较高的信度，结构式访谈与日常谈话都可以记入访谈内容。本书采用半结构式访谈（访谈提纲见附录），访谈法贯穿调研始终，即从2011年9月到2020年6月，包括正式访谈与有目的的日常谈话，访谈人数达到158人，其中有录音的65人，没有录音的93人，分别做了详细的访谈笔记。访谈抓住关键人物与关键事件进行追踪，待信息饱和后停止。

（3）问卷数据。

我们对湖南省通道县芋头侗寨、贵州省黎平县肇兴侗寨、广西壮族自治区三江县高定侗寨的居民及经营者进行了问卷调查。调查问卷从侗族村落景观基因的测量和居民属性特征的测量两个方面进行设计。村落景观基因测量量表采用5分制李克特量表，对居民属性也进行量化。问卷调查的结果作为定量分析材料。考虑到侗寨居民文化水平不高，采用调查者填写和调研者询问后自己填写问卷相结合的方式进行。首先是预试调查，发放问卷20份，经过分析调整，确定正式问卷。由调研小组四人于2011—2020年五次前往案例地发放问卷520份，回收512份，回收整理后获得有效问卷498份，有效率95.8%。

1.4.2　二手数据

（1）文献数据。

文献数据主要包括中文和英文相关的学术著作、相关中文和英文主要期刊发表的学术论文等，主要来源于中山大学图书馆、中山大学地理科学与规划学院图书馆、广东省立中山图书馆、衡阳师范学院"古村古镇文化遗产数字化传承"湖南省协同创新中心图书资料室、中国学术期刊网（www.gz.cnki.net）国际博硕士论文数据库（ProQuest Digital Dissertations：www.lib.global.umi.com）等。

（2）统计数据。

统计数据主要包括统计年鉴、普查资料，或者一些没有正式公布但经过提供者同意可以用于论文的数据。内容主要涉及居民数量、主要商铺信息、社会经济发展情况、外出务工人员情况、旅游收入等。此外，报纸、论坛、相关政府网站也是重要来源。

（3）地图数据。

地图数据主要包括公开出版的地图集，未公开出版的相关遥感影像、地形图、土地利用现状图、村寨发展规划图、景区游览图。主要来源于贵州、湖南和广西三省（区）的史志办、文物局、住建局、国土局、旅游局等政府部门及其官方网站。

1.4.3 数据处理

（1）数据的补充。

调查小组的前面三次调查（2012年8月20—29日、2013年7月12—20日、2014年7月28日—8月15日）集中在暑假，由于案例地外出务工人员较多，年轻人的样本获得较少。为此，调查小组特意在2014年2月2—9日和2015年2月8—16日赴以上三个案例地进行补充调查，共获得年龄在18～35岁的问卷样本240份，访谈记录54条，录音材料31份，照片120多张。

（2）数据的验证。

观察数据、访谈数据、问卷数据等一手数据与二手数据都有其缺陷，如一手资料都带有作者的主观性，而二手资料又无法保证其真实性。所以，本书对一手资料与二手资料进行三角测量与验证，即将观察到的数据与问卷访谈数据、统计数据进行相互验证，以保证数据使用的可靠性。

第 2 章　景观基因与地方认同研究进展

2.1　概念界定

2.1.1　传统村落

关于传统村落，目前与之相关的概念有中国古村落和中国历史文化名村。古村落通常指历史遗留下来的村庄，数量浩瀚，始建年代久远，虽历经朝代更迭兴替，但是传统村落的文脉传承和形态演变中有厚重而丰富的历史信息。[4]但是，古村落的保护现状堪忧。为此，刘沛林提出建立"中国历史文化名村"的立法保护。[5]2003年，建设部和国家文物局联合公布了第一批中国历史文化名村名单，只有保存文物相当丰富、具有重大历史价值或者革命纪念意义的古村落才能入选。这标志着"中国历史文化名村"成为一个法定概念，受到了国家强制力的保护。截至2019年，共公布了七批318个中国历史文化名村。[6]对于大部分古村落来说，分布分散，传统建筑保存数量不多，只剩下零星散落的民居、祠堂、庙宇、驿道、渡口、古井、石磨、古树、古墓或者古遗址。为了解决历史文化名村保护数量有限，对于非物质文化遗产的关注不够和古村落数量大、保存文物分布较散的问题，经传统村落保护和发展专家委员会的推动，提出"中国传统村落"的概念。中国传统村落是指那些始建年代久远，经历了较长历史沿革，至今仍然以从事农业生产为主和农业人口居住，而且保留着传统居住形态和文化形态的村落。[7]传统村落中蕴藏着丰富的文化景观和深厚的历史信息，是中国农耕文明留下的宝贵遗产。截至2019年6月，住房和城乡建设部、文化和旅游部、财政部三部门联合公布了中国传统村落名录五批共6819个村落，分布在全国31个省、市、自治区。

2.1.2　侗族传统村落

侗族传统村落是中国传统村落的一部分，是指以侗族人口为主的传统村落。与侗族传统村落相关的概念为侗族村寨，侗语将村寨称为 senl xaih，分别是"村"和"寨"的变音。这也许与汉族文化与侗族文化交流有关，其来源已经非常久远了。在侗族人的观念中，"寨"一般是作为经济和文化单元出现，"村"一般被当作行政单位看待；"村"的地域范围要比"寨"广一些，一个"村"往往包括若干个寨。侗族地区的田地、山林、河段等归属一般按寨进行划分，寨内的路桥房屋等公共设施建设也是以寨为单位进行的，歌队、戏班多半也是按寨进行组合。鼓楼是侗寨的标志建筑。贵州黎平县岩洞镇述洞村有一座独柱鼓楼，从字形上看，"寨"字很像这座造型独特的独柱鼓楼，上面是楼顶，下面是立柱，中间是横竖交错的楼层及飞檐。

2.1.3 景观基因

"基因"原本是一个生物学的概念，指的是遗传信息的载体，通过复制能够将遗传信息传递给下一代，从而使后代与亲代保持相同的形状。[8]英国著名科学家理查德·道金斯（Richard Dawkins）提出了与之相对的"模因"（meme）的概念，指的是在诸如语言、观念、信仰、行为方式等的传递过程中与基因在生物进化过程中所起的作用相类似的东西，即文化基因。[9]刘沛林在研究古村落文化景观时，为了找到识别古村落标志的钥匙，提出了"古村落文化景观基因"，指的是古村落文化"遗传"的基本单位，即古村落景观演变中相对稳定的，与其他村落文化景观相区别的文化因子。它是某种文化景观形成的决定性因素，也是识别这种文化景观的决定因子。[10]

2.1.4 地方认同

地方是主观感觉和体验的一种文化现象，主观性与日常生活体验是构建地方最为重要的特征。[11]与地方认同相关的概念有地方感、地方依恋。地方认同是指个人或群体与地方互动从而实现情感、感知与认知等多种复杂的社会化过程，进而将自身定义为某个特定地方的一分子[12]，以及通过地方来构建自身在社会中的位置与角色[13-15]。地方感是指人与地方相互作用的产物，它是由地方产生并由人赋予的一种体验，不能脱离人而独立存在。[16]地方依恋是指人与特定地方相互作用形成的情感连接关系。[17]地方认同与地方依恋存在相互交叉，有学者认为地方依恋包含地方依赖和地方认同两个维度，也有学者认为地方认同包含地方依恋和地方依赖。[18]737,266[19]

2.2 研究进展

对侗族传统村落景观基因的地方认同的相关研究,可大致分为景观基因研究、地方认同研究和侗族传统村落研究三个方面。下面对其主要研究进展进行逐一评述。

2.2.1 景观基因研究

传统聚落的文化景观延续了几千年,但是传统聚落景观基本特征的变化却很小,而且地域特征明显。[20] 传统聚落地理学研究主要集中在文化景观的空间特点、表现形式及其深层原因探究上。借鉴生物学的"基因"概念,挖掘不同地域聚落文化景观的原始基因,可以增强聚落地理学的科学性和可表达性。[21] 在20世纪末的一些文献中,开始出现了"文化基因"等表述,对于"景观基因"的研究则源于对古村落文化景观的区域比较研究。受生物基因、聚落形态学和类型学、地学信息图谱等理论的启发,刘沛林等提出了"古村落文化景观基因"的概念,希望借鉴自然科学的视角来研究传统聚落的文化特征,通过构建传统聚落文化景观的识别系统,探索数字识别和自动提取的方法,定量研究传统聚落的文化特征,揭示聚落文化的传播机理,为传统聚落的保护、城镇景观设计、地方营销提供参考。景观基因理论吸收了生物基因学、景观形态学、聚落类型学、聚落地理学、历史地理学等学科的研究方法,逐渐发展成为体系基本完备的一种传统聚落研究理论。[22-23] 其主要内容包括景观基因的概念、景观基因的识别系统、景观基因的提取方法、景观基因的确认原则、景观基因的数据建库方法、景观基因图谱、景观基因的云平台搭建、景观基因的应用等八个方面。

(1) 国外景观基因研究。

国外关于景观基因的研究起源于欧洲,大致有形态学、类型学、历史学和符号学四个研究来源。

第一,景观基因的形态学研究。

形态学(Morphology)一词,是由希腊语的 morphe(形)和 logos(逻辑)复合而成[18]463,指的是形式的构成逻辑,起源于人体解剖学。19世纪初,随着学科交叉的普遍性和城市研究的不断深入,有学者将形态学引入城市研究,将城市看作有机体,观察和研究它的生长规律和发展逻辑。代表性的学者及其观点有：

1832 年，法国建筑理论家昆西（A. Q. Quincy）出版了《建筑历史词典》（*Dicitonaire Historique d'Architecture*）一书，认为标示有建筑群、广场和街道的城镇平面图，既可以帮助我们理解城镇历史，也可以帮助我们有效识别出城镇的空间结构和特征。[24]

1841 年，德国地理学家科尔（J. G. Kohl）在论文《人类交通居住与地形的关系》中，运用地理学的方法分析说明了地形地貌对交通线和聚落形态的影响。[25]

1889 年，奥地利建筑师（C. Sitte）的经典著作《根据艺术原则建设城市》出版。作者对欧洲中世纪城镇的广场和街道做了大量考察，提出了从城镇局部平面出发，运用艺术原则对城镇的建筑物、纪念物和公共广场之间的关系进行研究的方法。[26]

1894 年，法国著名历史学家弗里茨（J. Fritz）的论文《德国城镇设施》（*Deutsche Stadtanlagen*）发表。论文以城镇平面图为对象，运用形态描述法分析德国城镇的分布，发现城镇布局具有网格型特点，加深了城镇平面图的原始历史资料潜力。[27]

1899 年，德国地理学家施吕特尔（O. Schluter）发表了《城镇平面布局》（*uber den Grundriss der studte*）、《关于聚居区地理学的若干评论》（*Bemerkungen Zur Siedlungsgeographie*）、《人文地理学目标》和《人文地理学在地理科学中的地位》四篇论文，随后又出版了专著《图林根州东北部聚居区研究》（*Die Siedlungen im nordosttlichen Thuringen*）。在这些成果中，他提出了三个形态学的术语，即 Kulturlandschaft（文化景观）、Morphologie der Kulturlandschaft（文化景观形态学）和 Dingliche Erfulung de Erdoberfache（形成地表的对象），认为"聚落形态学应该成为地理学的一个重要调查领域，聚落形态学的主要研究对象为物质形态和城镇外观（即城镇景观），因为它是一种独特的文化景观类型"。[18]461-463

1925 年，美国人文地理学家索尔（C. O. Sauer）发表了《景观形态学》（*The Morphology of Landscape*），认为可以通过建立与自然形态学特征类似的图表方式来解释和表达文化景观。农业生产与土地利用、住房建筑的类型与城镇形态、人口的密度和迁移、相互交流与影响结果是景观形态的四个主要要素。[28-30]

1960 年，英国著名城市地理学家康泽恩（M. R. G. Conzen）发表了《诺森伯兰郡阿尼克镇：城镇平面分析研究》（*Alnwick, Northumberland: A Study in Town-Plan Analysis*)一文,通过引入"城镇景观"对城镇空间的三维形态进行探讨,提出了"平面单元""城市边缘带""租地权周期"以及城镇平面图分析方法。[31]

第二,景观基因的类型学研究。

类型学(Typology)是由希腊语的 typo(标记)和 logy(逻辑)组成,原指铸造用的模子、印记。类型学主要处理社会领域的分类问题。古希腊时期,类型的思想就是古典主义文艺的重要原则[32],之后被引入聚落研究,并取得了丰硕的成果。代表性的学者及其观点有:

最早将类型说移植到建筑学的是维特鲁威,他在《建筑十书》中提出"建筑是模仿自然的真理",建筑的创作可类比为人体的本性和行为,建筑构成要素可以归纳为人的几种性格类型:科林斯式神庙模仿的是"身体窈窕的少女姿态",爱奥尼克式神庙模仿的是"身体窈窕、有装饰并且匀称的女性姿态",多立克式神庙模仿的是"身体比例刚劲和优美的男子姿态"。[33]

哲学家黑格尔基于"美是理念的感性显现"的美学观,根据理念与形式的契合程度,将建筑概况为象征型(意义低于感性形象,如石柱、方尖碑)、古典型(古希腊、古罗马建筑)和浪漫型(哥特式建筑)三个基本类型。[34]

1800 年,法国建筑师让-尼古拉斯-路易·迪朗出版了《古代与现代诸相似建筑物的类型手册》,他综合运用类型学和图像学的方法,将历史上的建筑的基本结构部件和几何组合排列进行组合分析,归纳了 72 种建筑的几何组合的基本型,建立了原型类型学。[33]18-19

1832 年,法国建筑理论家昆西在《建筑历史词典》中,从自然之本源的原理出发,通过辨别模型与类型来阐明类型的概念,认为"某类事物的普遍形式(或者说理想形式)就是类型,类型应该可以呈现在建筑中,也可以被辨认出来,类特征使类型具有普遍意义"。[35]

1923 年,法国建筑师勒·柯布西耶(范型类型学的代表人物)在《走向新建筑》中,认为"人是新类型的根本",将类型扩展到了人,"人=类型"是唯一性的身体类型的综合形式,从身体类型出发可以建立标准化的居住设施,如门、窗、楼梯、房屋高度等。[36-37]

意大利建筑师阿尔多·罗西在《城市建筑》中,受到"原型是沉积在无意识深处的种族历史记忆,是人类心理经验中反复出现的原始表象"的启发,认为建筑也可划分为种种具有典型性质的类型,原型则是划分的内在法则[38-39],发展出了第三种类型学。

第三,景观基因的历史学研究。

历史学和历史地理学也是景观基因研究的一个重要视角,前述两个方面的一些研究学者如昆西、弗瑞兹、索尔等实际上也往往是从历史城镇或历史街区入手的。

1976年,英国学者查理德·道金斯在《自私的基因》(Selfish Gene)一书中用"meme"(文化基因)来说明文化传承中的基本单元。之后,苏珊·布莱克摩尔(Susan Blackmere)在《谜米机器》(The Meme Machine)中,进一步阐释了文化基因与生物基因的相似性,并指出文化进化受文化基因控制,且遵循遗传、变异、选择的进化规则。[40]鲁道夫斯基(Bemard Rudosfky)在《没有建筑师的建筑》(Architecture Without Architects)中指出,乡土建筑比现代建筑更有"人情味",其蕴藏的建造哲理与智慧超越了经济与美学范畴。[41]建筑文化学者阿摩斯·拉普卜特(Amos Rapoport)在《宅形与文化》中认为:"不同地区的气候和地学、生活方式、文化仪式、社会组织以及材料和技术可能性之间的差异是建筑类型的区别所在。"[42]保罗·奥利弗(Paul Oliver)在《房屋符号与象征》(Shelter, Sign and Symbol)等著作中,关注到地方文脉、地方知识、地方技术、工匠及其工艺等在乡土建筑的自建模式及自建过程中的作用。[43]美国学者泰勒(Griffith Taylor)认为,通过对比不同城镇的历史底图,运用发生学方法可以寻找出其中最为核心的共同因子。[44]

第四,景观基因的符号学研究。

符号学是一门从现代西方分析哲学、语言学与逻辑学中孕育产生的交叉学科[45],主要探讨事物符号的本质、符号的结构与意义、符号的发展变化规律。文化符号学是符号学的原理应用到文化领域的结果,采用符号学的理论与研究方法分析文化现象,通过剖析文化的符号本质,揭示文化符号的结构意义及其原型,文化进化的超有机体规律性得以阐明。[46]文化符号学最早由德国文化哲学家卡西尔在20世纪20—30年代提出,理论依据为"人是符号的动物",他运用符号形式方法对人类所有的精神文化现象进行全面分析,创立并奠定了文化符号学的坚实理论基础。[47]20世纪30—40年代,美国人类学家怀特认为文化是模式化了的一种符号交互作用系统,文化学的基本范式是符号,文化学就是科学研究这个交互作用的符号系统,人类特有的符号编码活动可以对这个系统的本质、意义生成及进化规律进行说明,形成了文化符号学的文化系统论支派。[48]随后,20世纪50—60年代,符号学家罗兰·巴尔特与法国人类学家列维·斯特劳斯融合了语言符号学与哲学符号学的理论和观念，运用符号学方法，以人类特有的符号编码活动分析整个人类文化现象，形成了文化结构主义，标志着文化符号学的真正成熟与最后完成。[49]

（2）国内景观基因研究。

综观国内关于景观基因的研究，主要集中在文化景观特质分析、景观基因的要素挖掘、景观基因的识别、景观基因的图谱探索、景观基因的应用与保护等五方面。

第一，文化景观特质分析。

国内关于文化基因的文献研究出现于20世纪末。1988年，刘长林认为，每一民族文化基因结构的始因是存在于社会系统外部的民族生理基础和民族生存的自然环境。[50] 1990年，周尚意、赵世瑜在《中国民间寺庙：一种文化景观研究》中，对民间寺庙的崇拜神灵、空间分布及其文化意义进行探讨，界定了民间寺庙的文化特质。[51] 1997年，刘沛林系统论述了中国古村落空间意象与文化景观。[52] 1998年，汤茂林、金其铭认为文化景观特质是文化景观演变过程中稳定的形态、构成、特征及其反映的文化特征。[53] 2003年，刘沛林在聚落文化景观区域比较的研究实践中，提出"文化景观基因是文化'遗传'的基本单位，是古村落传承和识别的文化因子"[10]；角媛梅通过分析哈尼梯田文化景观系统的组成和功能，认为森林、村寨和梯田是哈尼文化区的文化景观特质[54]；刘沛林研究发现广东侨乡聚落景观具有中西合璧特点[55]。2004年，陆林等研究发现徽州古村落具有聚族而居、书香典雅、园林情调等景观特征。[56] 2009年，王云才通过对比江南水乡、皖南徽州、广东平原和中原河南风景园林的地方性，解读了传统地域文化景观的特点。[57] 2011年，邓运员等研究发现湖南省古村镇具有少数民族（土家、苗族、侗族）图腾、姓氏与宗族观念强、傩文化明显的文化特质。[58]

第二，景观基因的要素挖掘。

1992年，彭一刚在《传统村镇聚落景观分析》中，从美学的角度对聚落形态进行景观问题分析，并将聚落景观解析为街、桥、巷、牌楼、广场、水塘、井台、路径、溪流、台地、屋顶等要素。[59] 1998年，潘安在《客家民系与客家聚居建筑》中，提出了客家聚居建筑的基本法则和"原型"。[60] 2001年，司徒尚纪运用民系比较的方法，对岭南的广府、客家、福佬三大民系的聚落进行比较，挖掘其聚落文化特质[61]；余英综合运用区域、民系和类型结合的研究方法，将南系汉人的区域建筑划分为越海、湘赣、客家、闽海、闽赣五个类型[62]；葛剑雄、张祖群、张晓虹、周振鹤、韩茂莉、张伟然等一批学者则运用历史地理方法分别识别了聚落的移民基因、环境基因、信仰基因、语言基因[63-68]；胡最等提出聚落景观基因的识别要素为民居特征、主体性公共建筑、布局形态、图腾标志、环境因子[69]。2006年，林琳在《港澳与珠江三角洲地域建筑——广东骑楼》中，从建筑单体的角度论述了骑楼建筑的文化特质。[70] 2007年，李立在《乡村聚落：形态、类型与演变》中，将聚落景观基因的识别归纳为聚落形态和聚落结构类型。[71] 2009年，尼跃红在《北京胡同四合院类型学研究》中，将北京的胡同划分为鱼骨形、篦梳形、长格栅形、环形、树枝形、斜线和折线形、半截和混合形八种类型。[72] 2009—2011年，刘沛林等研究发现客家人和中国少数民族具有"聚族而居、向心性强、自我防御、尊重环境"等特点。[73-75]

第三，景观基因的识别。

20世纪80—90年代，许学强、于洪俊、周一星、顾朝林等学者提出了城市形态的地理学识别方法。[76-79] 1999年，何镜堂指出，建筑师应研究提炼地域独特的文化特质，从传统中寻根，发掘有益的"基因"。[80] 2001年，林河认为人类文化也有"野性"与"驯性"之分，中华文明的文化基因就存在于以巫傩文化为代表的"野性文化"之中。[81] 2003年，刘沛林提出"内在唯一性、外在唯一性、局部唯一性、总体优势性"的景观基因识别原则。[10] 2003年，戴志坚运用大量历史材料，论证了闽台民居建筑的渊源与形态原型。[82] 2004年，汪丽君提出从历史中寻找建筑"原型"和从地域中寻找建筑"原型"[32]44-49；刘森林提出中国传统民居装饰基因蕴含在形制、范式、特征、工艺、方法、技巧中[83]；邓奕、毛其智通过考证《乾隆京城全图》，发现了北京老城的形态基因[84]。2005年，李晓峰探索了跨社会、地理、传播、生态等的多学科研究乡土建筑基因的方法。[85] 2006年，申秀英等提出"元素提取、图形提取、结构提取、含义提取"的景观基因提取方法。[86] 2008年，刘景纯交叉运用历史学和地理学方法，对清代以来黄土高原地区城镇文化景观进行挖掘。[87] 2006年、2009年，段进等将宏村和西递村的空间解构为建筑空间、街巷空间和整体空间，并对这些层次的空间形态进行类型学研究。[88-89] 2011年，杨大禹认为各种具有历史文化的建筑形式、构件、符号、装饰色彩、材料工艺和构建技术等是传统民居建筑文化的传承基因。[90] 2014—2015年，曹帅强、胡最等提出了分析比较法、资料记录法和观察法等非物质文化景观基因的识别方法和传承载体、形态演变、表现形式、文化意向等识别途径。[91-92]

第四,景观基因的图谱探索。

2006年,申秀英等运用景观基因方法,根据不同地方环境与文化背景下的传统聚落的地域分异规律和景观意象差异,将中国南方地区划分为8个聚落景观区和40个亚区。[93]2010年,刘沛林等将全国划分为3个景观大区、14个景观区和76个景观亚区。[94]2006年,邓运员等以湖南省湘西凤凰古城为案例,探讨运用GIS技术建立南方古村落景观保护信息系统。[95]随后,胡最等进一步探讨了运用GIS技术定义景观基因信息单元、建立景观基因数据库所需的数据元素、景观基因图谱单元、景观基因图谱平台的原型系统等理论和技术问题。[96-98]2011年,刘沛林提出聚落景观基因谱图可以从平面图谱和立面图谱两个方面进行构建,并归纳总结了中国传统民居、院落及其脊饰的景观基因图谱。[99]2013年,胡最等提出了景观基因识别的指标体系,通过比较湖南省景观基因的空间特征,建立湖南区域景观基因图谱。[69]

第五,景观基因的应用与保护。

1999年,王景慧、阮仪三、王林的《历史文化名城保护理论与规划》对历史文化名城保护的国内外现状、保护制度、保护方法、保护内容和保护实例等做了认真的阐释。[100]2001年,张松综合分析了我国历史城市文化遗产保护的物质现状和环境问题,提出应该从文化遗产和历史环境保护整体的角度(或整合性)保护历史城市。[101]2005—2006年,许抄军等分别利用条件价值法和旅行费用法对历史文化古城凤凰的非利用价值和游憩利用价值进行评估,量化古城的保护价值。[102-103]2008年,陆元鼎、杨新平在《乡土建筑遗产的研究与保护》中,提出永嘉楠溪江古村落的保护途径[104];赵万民提出重建社会网络结构关系的历史街区保护原则[105];赵勇在《中国历史文化名镇名村保护理论与方法》中,通过构建历史文化名镇(名村)评价体系、方法及保护预警系统动态,保护历史文化村镇[106];刘沛林提出"景观信息元→景观信息点→景观信息廊道→景观信息链"的传统聚落旅游规划的技术模式,并成功运用到山西碛口和湖南凤凰两地的设计中[107]。2009年,卢松以安徽南部的历史文化村落为案例,综合运用文化地理学、环境心理学、社会学等学科的研究方法,以社区为研究尺度,以居民感知与态度为研究视角,分析了历史文化村镇旅游的区域影响,提出了历史文化村落的保护方法[108];刘沛林等提出从"点、线、网、面、体"五个方面构建传统聚落景观特征的立体评价体系,以保证聚落景观基因的完整性,促进传统聚落的可持续发展[109];周宏伟从传统功能视角将历史文化村镇划分为农耕、工贸、行政、军事、交通、宗教、纪念等七种类型,用以指导历史文化名村名镇保护发展[110]。2010年，翟文燕等认为西安古城应该保护"八水绕长安的天门地户吉财基因""四塞之中的天尊基因""围合古城风水的建筑安全文化基因""天人合一的天宫建筑文化基因""中轴对称的天尊文化基因""标志性建筑物的周礼文化位置基因""传统民居与古城坊的风水审美基因"的地域认知结构"景观基因"[111]；吴晓枫、高俊峰认为"保护古村镇文化基因的完整与个性形态""保护群体记忆中历史的真实""协调传统建筑形态的完整保护与居民现代生活"是乡土建筑真实性保护的核心内容[112]。2011年，刘沛林等认为传统聚落空间形态可以用"胞—链—形"进行图示表达：形主要有正方形、长方形、拟方形、椭圆形、圆形、不规则形等六种；胞在时间序列上有变形性，在空间上有继承性和变异性；链有等级规制式和因地制宜式两种。[113]

小结：景观基因理论自提出至今，景观基因要素挖掘和识别方法已较为成熟，且在传统聚落的遗产价值评估、旅游规划和保护等方面得到了广泛应用，但仍有待进一步完善。如景观基因识别的技术规范与标准建立，非物质文化遗产景观基因的识别方法，文化景观基因数据库的表达方式、数据结构组织，景观基因的居民认同，等等。

2.2.2 地方认同研究

认同理论起源于精神分析，认同的本源是同一性，通过界定自我，区别他者，获得统一性或身份。之后，心理学、文化学、社会学、历史学等都对认同进行了多维分析，出现了族群认同、文化认同、国家认同、地方感、地方依恋、地方认同等概念。关于地方认同的研究源于20世纪70年代，段义孚等对地方"感知的价值中心以及社会与文化意义的载体"的重视。[114-115]随后，1978年，Wright、Proshansky、Bernardo等将自我与物理环境认知进行关联，特别关注个人或群体与地方互动，以及情感、感知与认知等多种复杂的社会化过程，自身的地方定义[116]和在地方构建社会中的位置[117]与角色[118]。随后，Proshansky等提出了地方认同的多维性[119]；Breakwell提出了地方认同的完整过程[120]；Hernández等则认为本地人在地方依恋和地方认同上没有差异，但是外地人则是先产生地方依恋，再进一步形成地方认同[121]。影响地方认同的因素可以分为个人因素和社会经济因素两类。性别、年龄、社会阶级、人格、居住时间、出生地、生活事件等都能够显著影响地方认同。[122]

(1) 国外地方认同研究。

综观国外关于地方认同的研究，主要集中在地方认同的概念与内涵分析、维度与要素分析、测量方法与模型、影响因素与效应等四方面。

第一，地方认同的概念。

人文地理学主要研究地方之间的相互关系[123]，文化特质是文化地理学研究的基本单位[124-125]。1970年代，段义孚将地方定义为"感知的价值中心"以及社会与文化意义的载体。[114-115] 1978年，Proshansky将自我与物理环境认知进行关联，认为地方认同是自我的一个重要组成部分，是通过人们意识中和无意识中存在的想法、信念、情感、价值观和目标、偏好、行为趋势以及技能的复杂交互作用，形成的与物理环境有关的确定的个人认同。[13] Proshansky等认为地方认同指的是个人或群体与地方互动从而实现情感、感知与认知等多种复杂的社会化过程，进而将自身定义为某个特定地方的一分子[117]和通过地方来构建自身在社会中的位置与角色[13-15]。Proshansky等还指出地方认同是客观世界社会化的自我，包括人们对记忆、想法、价值观和场景的认知，也包括人们与家、学校、社区等不同场景的关系。[126] Korpela认为地方认同是指人体调节自我的物理环境认知。[127-128] Twigger-Ross和Uzzell认为地方认同是一种能够促进整体的自我分类和社会认同过程的认知结构。[122] Dixon和Durrheim等将地方认同视为能够被人们知觉到的内隐心理结构。[129]

第二，地方认同的维度。

地方认同是否存在多维性？Low等认为地方认同不能进行细分，是一个整体，具有一维性和整体性。[130] Proshansky等则认为地方认同具有多维性，包括与物理环境相联系的个人意识和无意识的观点、信念、感觉、价值观和目标，偏好，以及行为倾向和技能等维度[13]，物理环境对地方认同塑造非常重要[117]。Breakwell认为地方认同是一个完整的过程，包括自我尊重、自我功效、独特性及一致性等四个方面[120]，并提出了地方认同的理论模型[131]。也有学者认为地方依恋是地方认同的一个维度[132]，但地方认同不是功能性地方依恋，包括依恋或自我延伸、环境适宜、地方-自我一致性等三个维度[133]。

第三，地方认同的测量。

目前，地方认同主要采用量表测量法、观察法和案例研究法。Lalli设计了城市认同的测量量表，包括外部评价、总体依恋、承诺、连续性和熟悉感五个维度。[134] Williams等将地方认同设计成为地方依恋的一个测量维度。[135] Droselis 和 Vignoles 采用自编项目进行测量。[129] De Bres 和 Davis 认同问卷方法可以最有效地测量节日对地方认同的影响。[136] Droseltis 和 Vignoles 认为多层次模型可以区分地方认同的维度，个体差异指标可以预测需要和动机以及地方的社会/象征意义。[133] Aitken 等采用地理信息系统，通过对社区融合和居民对社区的熟悉性的关注而研究地方认同。[137] Talen 和 Shah 采用 GIS 和调查问卷结合的方式，对居民的社区认同水平和空间结构水平进行评估。[138]

第四，地方认同的影响。

影响地方认同的因素可以分为个人因素和社会经济因素两类。在个人因素中，随着性别、年龄、社会阶级、人格等个体特性的变化，个人的心理结构会动态变化，情感依恋会随生命周期变化，对地方认同产生很大影响。[139] 人们重复到访某个地方，对这个地方持续倾注心理情感，进而产生地方依赖，因而导致地方认同[140]，但这种情感倾注会随着时间发展而变化[141]；另外，也不是任何地方经历都会直接导致地方认同[142]。居住时间、生活事件能够显著影响地方认同。[143] 例如，本地出生居民认同度明显高于外地出生居民[134]；在海岛、社区、城市三种类型居住地中，本地人的地方认同高于外地人[144]；相比于住在外地的房主，住在当地的房主地方认同更强[145]。居住满意度影响地方认同，且发生在地方认同之前。[146] 在社会经济因素中，高风险工业的引入会对地方认同的连续性、区分性、自我效能和自尊性产生影响[147]，过节对地方认同具有促进作用[136]。搬迁会威胁人与地方之间的联系，反而强化了地方认同。[129] 战争、殖民化、饥饿、自然灾害和穷困等会破坏人们心理上地方和认同之间的关系。[148] 废除种族隔离使白人失去了地方归属感、地方依恋和地方熟悉感。[115] 城市空间的创新设计可有效促进地方认同的产生。[149]

（2）国内地方认同研究。

综观国内关于地方认同的研究，主要集中在地方认同的概念辨析、地方认同的构建、地方认同的特点等三方面。

第一，地方认同的概念辨析。

国内学者对地方认同的界定是在对"认同""民族认同""文化认同""地方依恋""地方感"等概念的辨析中进行认识的。弗洛伊德最先提出"认同"一词，是指个人与他人或群体以及模仿的人物在情感上和心理上趋同的过程。王希恩则将认同看成"社会群体成员在认识和感情上的同化过程，是对自己归属于某种群体的认知以及感情上的依附"[150]。民族认同则是指一个民族的所有成员相互之间,拥有一种特殊的情感上和态度上的认知,能够将他人和自我认知为同一民族成员的特殊认识[151],民族认同意识是民族心理特质的核心内容[152]。文化认同则与以社会化大生产为标志的现代社会相伴而生,随着传统社会的社会结构和运行机制的改变、传统文化被否定、强势文化的扩张、文化秩序被破坏,引起了文化生态的失衡,引发了认同危机。[153]韩震对国家认同、民族认同与文化认同进行了历史哲学分析,认为国家认同高于民族(族群)认同和文化认同,通过构造中华民族共同的文化基础和重建文化象征符号,实现民族认同、国家认同和文化认同的重叠。[154]朱竑等则认为"地方感包括地方认同与地方依恋两个维度,地方感具有动态变化性;地方认同与地方依恋两者相互关联,但又各具独特的内涵;两者都有助于地方感构建,地方依恋影响地方认同"[155-156]。庄春萍等则从环境心理学的角度,比较了"地方认同""地方依恋""地方感"和"地方依赖"在认知、情感和行为等方面的区别。[157]周尚意、杨鸿雁、孔翔则以文化创意产业区为例探讨了地方性的人文主义和结构主义机制。[158]唐晓峰、周尚意、李蕾蕾则分析了区域文化特性的超级机制。[159]黄向、保继刚等对场所和场所依赖进行了理论辨析。[19]

第二,地方感知与地方认同。

地方的意义与个人或社会群体身份认同的构建密切相关,关于地方意义的感知与地方认同往往是一起的。王爱平、周尚意等认为具有地方性的标志景观感知度比较高,可以促进社区形成内在文化凝聚力和地方认同。[160]李凡、朱竑等则发现人们对历史文化景观的集体记忆是地方认同的基础。[161]钱俊希等认为地方本身是一个过程,认同处于不断的再构建过程中,而地方内部具有认同的多样性。[162]张捷等通过公众对书法景观的知觉调查,发现知觉时间、地理环境、书法特性、书法载体形式、价值和个体心理是书法景观的主要知觉维度。[163]唐文跃通过南京夫子庙的案例,揭示了居民地方依恋的地方依赖和地方认同维度特征及主要影响因素。[164]杨昀、保继刚通过对阳朔西街的探讨,发现外来经营者具有不同程度的情感性依赖,并非简单的经济依赖。[165]蔡晓梅等的研究发现高星级酒店外籍管理者通过身份构建对迁入城市地方文化景观进行感知,通过与故乡的整合产生被动的地方认同。[166]朱竑等则通过对比外来居民与本地居民的地方感知与身份认同差异,探讨了他们在认同上的空间冲突、断裂和融合。[167]赵向光、李志刚则探讨了大城市劳力型、智力型和投资型新移民的地方认同差异,并分析了影响新移民地方认同的个人和社会经济因素。[168]

第三，地方认同的构建。

地方认同具有动态构建的特点，节事节庆、民间信仰、文化景观、文本、移民等都对地方认同构建产生积极影响。刘博等探讨了"迎春花市"传统节庆在地方认同构建中的意义，发现"迎春花市"在认知、情感和意向三个心理过程中对地方认同的构建均有积极作用。[169]戴光全等探讨了2011西安世界园艺博览会节事对地方认同的构建作用，发现游客的地方认同呈现等级递减和跳跃式增长两种空间特征。[170]李凡等认为通过传统祠堂怀旧空间的集体记忆和形塑，地方认同可以得到强化。[171]张捷等发现书法通过界定中国传统景观标志和文化象征符号的空间地方，促成了城镇中文化象征空间和地方感的形成。[172]魏峰发现声望或学术背景是宋代先贤祠祭祀对象的决定性因素，籍贯是明代先贤祠祭祀对象的决定因素。[173]郑衡泌发现宁波广德湖地方认同的形成中，空间是发生容器，集体记忆是地方认同的凝聚特征，象征标志是地方认同的凭依。[174]冀满红发现山西洪洞大槐树与广东南雄珠玑巷是众多移民地方认同的具体物象，家谱、族谱和地方志的记载是地方认同的构建媒介。[175]罗一星、科大卫等发现华南地区先到宗族通过族群分类标志和话语权控制地方认同，后到宗族通过"造祖"和"请神"模糊族群分类，融入地方认同。[176-178]刘朝晖发现"归侨意识"是归侨的集体记忆，地方认同的构建是情景性和流动的。[179]周尚意等发现，在北京前门—大栅栏商业区景观改造中，政府协同规划师在景观表征上具有绝对的权力，一定程度上破坏了地方文化的原真性。[180]林耿则发现经济精英嵌入全球经济网络，体制精英嵌入本土经济、社会和文化脉络，他们地方认同的差异衍生的话语和权力指向是构建市场空间的决定力量。[181]杜芳娟等发现民族精英对地方认同构建具有主导性，但与民众"台下"认同对立严重。[11]

小结：综上所述，国内外开展地方认同研究的多是心理学和人文地理学两个学科的学者。国外学者对地方认同的概念内涵、地方认同的维度分析和地方认同的影响与效果研究较多；国内研究则呈现出地方依恋、地方感和地方认同融合研究的特点，国家认同、文化认同、民族认同研究同一性也比较强，认同根源分析也从单维分析走向了社会学、文化学、历史学等角度的多维分析，地方性挖掘与地方性营的机制分析也取得了一些成果。关于地方认同的构建过程、地方认同构建主体、地方认同构建机制的研究关注较少，地方认同的定性深入研究和定量研究结合是国内后续研究方的趋势。

2.2.3 侗族传统村落研究

近年来对我国侗族传统村落的研究有所加强,其研究以侗族学者为主体,各民族学者共同参与,其研究成果主要集中在侗族村落的建筑、侗族村落的社会发展和侗族村落的文化艺术三个方面。

(1) 侗族村落的建筑研究。

1985 年出版的《侗族简史》是一部侗族的百科全书,认为侗族擅长建筑,尤其是鼓楼、桥梁、凉亭是侗族建筑的艺术结晶。[182] 1990 年,李长杰等在对桂北侗族村落的民居、鼓楼、风雨桥等建筑进行调查和测量的基础上,利用测绘图和分析图的形式对其建筑进行简要分析。[183] 刘涛等从侗族村寨、居住建筑、公共建筑、其他类型建筑、侗族传统建筑的营造技术等方面对侗族传统建筑的形制与空间进行了研究。[184] 赵巧艳、覃彩銮、蒋卫平则对侗族传统建筑的特点和风格进行了总结。[185-187] 朱馥艺考察了侗族建筑与水的关系,发现风雨桥、吊脚楼和井亭与溪流、堰塘和泉井关系和谐。[188] 单德启等对桂北侗族村寨的干栏木楼和风雨桥进行了描述。[189] 牛建农运用图解的方法分析了广西木构干栏民居、鼓楼和风雨桥。[190] 宛志贤研究了侗族村落的鼓楼和风雨桥的历史文化、地理环境及构造布局,并运用系列历史照片进行证明。[191] 郎维宏通过建筑装饰艺术符号的文化剖析,归纳了侗族传统公共建筑和传统居住建筑的艺术特征。[192] 蒋馨岚通过历史考证以及与汉族建筑文化比较,归纳了侗族建筑文化的遗产价值,提出了侗族鼓楼、风雨桥的保护和传承对策。[193] 李哲、柳肃提出保护湘西侗族传统建筑的前提是不破坏传统民居风貌和生活方式,从生活设施的现代化、室内空气环境的改善、建筑成本的降低、建筑材料性能的提高等四个方面提出了湘西侗族传统建筑的现代适应性技术体系。[194] 研究者通过对侗族鼓楼的称谓考证,发现鼓楼是歌堂、报信、议事三项功能的集合体[195],其起源可能在东晋至元明之间[196],经历了由独柱结构向四柱结构再向六柱结构演变的过程[197]。蔡凌从建筑、村落和文化区域三个层次对侗族聚居区展开研究,将侗族民居分为"前堂后室"和"一明两暗"两种类型,并指出鼓楼的空间分布存在东西差异。[198]

(2) 侗族村落的社会发展。

对于侗族村落的社会发展的研究,多是人类学、民族学和社会学的学者,主要研究问题有侗族社会的组织、社会形态和社会变迁。[199] 郝瑞华运用人类学方法分析了侗族鼓楼社会功用的变迁及其所蕴含的文化价值。[200]姚丽娟等认为鼓楼内举行的祭祀、议事、迎宾等活动对侗族村寨认同具有积极作用。[201]阙跃平运用民族学方法对广西三江程阳风雨桥进行分析,发现农耕文化符号是侗族社会的文化内涵。[202]廖君湘就侗族传统社会的外部控制进行探讨,认为侗族社会通过设立组织、机构,制定规则、法律,利用社会舆论、民俗和习惯法的力量督促侗族社会的成员遵守规范,实现外部控制。[203]邓敏文等将侗族民间传说和歌谣的文献研究与"款文物"当代遗存的实地调查研究相结合,全面考量侗款的起源、组织与运作,认为侗款源于原始的婚姻制度,军事联盟性质的款出现于秦汉,唐宋时期是侗款的成型时期,元明时期自卫性质的款组织盛行,明清以后款组织的力量渐弱。[204]石开忠运用岩石文本、念词文本、款词文本、碑刻文本、鼓楼柱文本、乡规民约文本、家族规约文本对侗族习惯法进行研究,发现其具有有偷必有罚、"勾生吃熟"必重罚、不报官府自己处理、亲属行刑、人人平等等特点。[205]向零通过对比分析侗款组织与历代土司制度、官权组织,发现款约在侗族社会中具有从最初的协商向调解再到禁令的功能变化,即从款约到乡规的变化特点。[206]

（3）侗族村落的文化艺术。

侗族村落的文化艺术研究主要涉及建筑文化、侗族文学、侗族戏曲、侗族音乐等。《侗族文化词典》对鼓楼、风雨桥、民居、粮仓等侗族建筑文化做了简要概述。[207]《中国侗族村寨文化》通过对一些典型侗寨的解读,展示侗族村寨的特有文化。[208]廖君湘通过对南部侗族传统文化的研究,发现侗族文化具有温和的特点。[209]余达忠从历史和意义两个层面剖析了鼓楼的产生,认为寨桩、集会所、悬挂木鼓是鼓楼产生的三个关键要素,它是原始信仰和社会生活共同作用的结果。[210]杜倩萍研究了侗寨鼓楼的建筑特色、主要功能和文化内涵。[211]李东泽通过对比恭城孔庙,认为侗族风雨桥具有和谐之美的文化特点。[212]石开忠运用人类学理论探讨侗族风雨桥的形成原因,发现自然环境、风水观点和灵魂观点是其主要形成原因。[213]目前,出版《原林深处》《风满木楼》《豪杰风云》等侗族长篇小说50多部,这些小说通过神话传说、自然环境描绘、自然崇拜和民间习俗等揭示了侗族文学的生态意识、幻象文化心理和意象文化心理。[214-215]侗族民间歌谣虽然没有文字,但具有记叙和传递本民族历史文化和聚合民族成员的作用。[216]侗族民间戏剧是在说唱文学的基础上形成的,融合了花灯戏、阳戏、花鼓戏和彩调等艺术形式,具有和谐文化和柔性文化的特点。[217-219]邓光华认为侗族大歌从远古以来就是侗民的精神食粮,侗民常说"饭养身,歌养心"。[220]赵晓楠发现侗寨独特的婚姻习俗是侗族传统音乐在现代化进程中得以较为完整保存的重要条件。[221]乔馨认为侗族大歌的多声思维、多声形态、合唱技艺、文化内涵等对侗民智力因素和非智力因素的培养独具特色,但也存在传承方式的危机。[222]石霞峰认为侗锦是侗族历史、祖先、信仰等的图案和符号化的结果。[223]

  小结:综上所述,国内外对侗族村落的研究主要涉及民族学、建筑学、人类学、社会学等学科,研究内容集中在鼓楼、风雨桥、民居等建筑以及侗族习惯法与款、侗族音乐、服饰等方面,研究方法主要采用实地调查、问卷访谈、历史文献分析等,对侗族传统村落的其他建筑要素、村落要素的多要素深入解析、多系统综合分析显得不够,理论深度与实践价值有待进一步提高,对侗族村落空间差异的研究尚显不足。

第3章 侗族传统村落的景观特征及基因分析

3.1 传统村落及其空间特征

3.1.1 传统村落的基本概况

中国传统村落是我国7000多年的农耕文明的智慧积淀，是先辈们利用自然环境、适应自然环境的历史见证，具有较高的文化、历史、艺术、科学、经济、社会价值，是祖先留给我们和传承后人的宝贵文化遗产。随着我国近30多年的城镇化推进，许多优美的传统村落和乡土建筑遭受到了严重冲击。当前，我国正面临着社会经济的双重转型以及新型城镇化的推进，抢救和修复传统村落这项宝贵遗产迫在眉睫。为此，2012年4月，住房和城乡建设部、文化部、国家文物局、财政部联合启动了中国传统调查[224]，并于同年12月公布了首批646个"中国传统村落"。之后，2013年8月26日、2014年11月17日、2016年12月9日、2019年6月6日又先后公布了第二批、第三批、第四批和第五批，目前共有6819个村落列入中国传统村落名录（表3.1）。

表3.1 中国传统村落分民族统计

民族（个数）	主要分布的省市（个数）
苗族（473）	湖南湘西州（118）、邵阳市（15）、怀化市（31），贵州黔东南州（206）、凯里市（1）、铜仁市（27）、遵义市（7）、黔南州（8）、黔西南州（1）、贵阳市（1）、六盘水市（1）、安顺市（6），云南昭通市（1）、红河州（2），重庆市（6），四川泸州市（4），广西柳州市（8）、桂林市（6），海南三亚市（1），湖北恩施州（23）
侗族（226）	湖南怀化市（38）、邵阳市（5），贵州铜仁市（10）、黔东南州（142），广西柳州市（19）、桂林市（8），湖北恩施州（4）

续表 3.1

民族（个数）	主要分布的省市（个数）
彝族（121）	广西百色市（1），四川攀枝花市（3）、泸州市（2）、凉山州（9）、雅安市（1），云南昆明市（15）、玉溪市（12）、曲靖市（2）、保山市（5）、丽江市（5）、普洱市（8）、临沧市（4）、楚雄州（15）、红河州（23）、大理白族自治州（7）、怒江州（1），广东梅州市（1），贵州六盘水市（3）、安顺市（3）、黔西南州（1）
土家族（192）	湖北恩施州（33）、宜昌市（2），湖南湘西州（52）、张家界市（27）、怀化市（1），重庆市（50），贵州铜仁市（27）
藏族（223）	四川雅安市（5）、阿坝州（27）、甘孜州（69）、绵阳市（3）、凉山州（3），西藏昌都市（3）、拉萨市（3）、那曲市（1）、林芝市（4）、日喀则市（7）、山南市（11）、阿里地区（1），青海海东市（16）、黄南州（25）、海南州（4）、果洛州（4）、玉树州（16）、西宁市（2），云南迪庆州（3），甘肃甘南州（9）、陇南市（6），宁夏固原市（1）
白族（80）	湖北恩施州（2），云南保山市（1）、丽江市（3）、大理州（69）、怒江州（2），湖南张家界（2），贵州安顺市（1）
纳西族（30）	云南迪庆州（1）、丽江市（26），四川凉山州（2），西藏昌都市（1）
瑶族（148）	湖南邵阳市（4）、怀化市（13）、永州市（44）、郴州市（5），广东清远市（5）、韶关市（2），广西桂林市（25）、贺州市（23）、来宾市（6）、梧州市（1）、河池市（2），贵州黔东南州（15）、黔南州（1），云南普洱市（1）、红河州（1）
傣族（36）	云南德宏州（7）、普洱市（6）、临沧市（3）、西双版纳州（8）、保山市（6）、德宏州（5）、玉溪市（1）

续表 3.1

民族（个数）	主要分布的省市（个数）
壮族（93）	广西百色市（2）、桂林市（43）、来宾市（5）、河池市（1）、崇左市（2）、南宁市（4）、柳州市（1）、梧州市（1）、北海市（1）、钦州市（3）贵港市（5），云南文山州（14），贵州黔东南州（11）
哈尼族（26）	云南省玉溪市（1）、普洱市（3）、红河州（22）
布依族（35）	贵州黔西南州（8）、安顺市（17）、黔东南州（1）、黔南州（6）、六盘水市（1），云南曲靖市（1）保山市（1）
畲族（104）	浙江杭州市（3）、温州市（3）、金华市（10）、衢州市（5）、丽水市（59）、台州市（1），福建宁德市（12）、福州市（2）、三明市（2）、龙岩市（1），江西省抚州市（1）、上饶市（2）、赣州市（1），贵州黔东南州（2）
蒙古族（19）	内蒙古包头市（7）、呼伦贝尔市（1）、通辽市（1）、巴彦淖尔市（2）、赤峰市（1），新疆阿勒泰（1），西藏日喀则市（2），辽宁省阜新市（1）、朝阳市（1），云南玉溪市（1），黑龙江大庆市（1）
回族（20）	山西高平市（4），云南保山市（1）、昆明市（1）、大理州（3），甘肃临夏州（1），青海海东市（5），内蒙古呼伦贝尔市（1），湖南邵阳市（1），四川阿坝州（1），宁夏吴忠市（1），湖北省荆州市（1）
傈僳族（15）	云南迪庆州（4）、怒江州（5）、大理州（2）、保山市（2）、丽水市（1）丽江市（1）
佤族（10）	云南临沧市（6）、普洱市（3）、保山市（1）
水族（53）	贵州黔西南州（6）、黔东南州（5）、黔南州（41）、毕节市（1）
土族（8）	青海海东市（8）
仡佬族（12）	贵州遵义市（5）、铜仁市（4）、黔东南州（1）、安顺市（1），重庆市（1）

续表 3.1

民族（个数）	主要分布的省市（个数）
基诺族（4）	云南西双版纳州（4）
阿昌族（4）	云南保山市（3）、德宏州（1）
维吾尔族（6）	新疆和田地区（1）、哈密市（2）、吐鲁番市（3）
哈萨克族（4）	新疆昌吉州（2）、阿勒泰地区（1）、伊犁州（1）
羌族（13）	四川阿坝州（10）、绵阳市（2），贵州铜仁市（1）
布朗族（3）	云南西双版纳州（1）、普洱市（2）
俄罗斯（3）	内蒙古呼伦贝尔市（3）
柯尔克孜族（2）	黑龙江省齐齐哈尔市（1），新疆克孜勒苏州（1）
满族（6）	黑龙江省齐齐哈尔市（1）、辽宁省抚顺市（1）、锦州市（3），吉林省吉林市（1）
朝鲜族（3）	吉林延边州（2），黑龙江省牡丹江市（1）
撒拉族（25）	青海海东市（24）、黄南州（1）
摩梭人（2）	云南省丽江市（2）
拉祜族（1）	云南省临沧市（1）
鄂伦春族（1）	黑龙江黑河市（1）
毛南族（1）	贵州黔南州（1）
黎族（1）	广西南宁市（1）
汉族（4807）	（略）
达斡尔族（1）	内蒙古呼伦贝尔市（1）
鄂温克族（3）	内蒙古呼伦贝尔市（1），黑龙江齐齐哈尔市（2）
德昂族（1）	云南德宏州（1）
东乡族（1）	甘肃临夏州（1）
景颇族（2）	云南德宏州（2）
塔塔尔（1）	新疆昌吉州（1）

3.1.2 国家公布的传统村落空间分布

中国传统村落五批共6819个,分布在北京、天津、河北、山西、内蒙古、辽宁、吉林、黑龙江、江苏、上海、浙江、山东、安徽、河南、湖北、江西、湖南、福建、广西、广东、海南、云南、贵州、四川、重庆、西藏、陕西、甘肃、青海、宁夏、新疆等31个省、市、自治区(表3.2)。其空间分布有以下特点:①四个集聚中心。如图3.1所示,全国传统村落空间上呈集聚分布特征,有4个比较集聚的地区,分别为:贵州东部、云南西部、浙江北部和山西南部[225-226]。其中,分布密度最高的为黔东南州,分布密度高达136个/万km^2;其次为云南保红大地区、浙江金华丽水—安徽黄山地区,分布密度为65个/万km^2。②省际差异大。如图3.2所示,贵州、云南、湖南、浙江、山西、福建、安徽、江西、四川等9个省(区)最集中,共有传统村落4846个,约占全国传统村落的71.1%。这其中,又以贵州居最,其次为云南,这两个省的传统村落共有1432个,占全国传统村落的21.0%。西藏、甘肃、新疆、海南、内蒙古、宁夏、黑龙江、吉林、江苏、辽宁、北京、天津、上海等13个省、市、自治区的国家传统村落仅342个,仅占5.0%。③南方多、北方少。从南北分布来看,全国传统村落空间分布呈"南方(包括江苏、上海、浙江、四川、重庆、贵州、云南、湖北、湖南、江西、福建、广东、海南、广西)多、北方(包括辽宁、吉林、黑龙江、内蒙古、新疆、甘肃、宁夏、青海、北京、天津、河北、山东、河南、安徽、山西、陕西、西藏)少"的空间分布特征。5020个传统村落分布在南方地区,占全国传统村落的73.6%;仅有1799个传统村落分布在北方地区,占全国传统村落的26.4%。

表3.2 中国传统村落分省份分批次统计

省份(批次数)	市、州、地区(个数)
云南(62 + 232 + 208 + 113 + 93)	曲靖市(16)、玉溪市(36)、保山市(128)、昭通市(13)、丽江市(54)、普洱市(39)、临沧市(36)、楚雄州(23)、红河州(124)、文山州(20)、西双版纳州(17)、大理州(130)、德宏州(19)、昆明市(18)、怒江州(8)、迪庆州(21)

续表3.2

省份（批次数）	市、州、地区（个数）
贵州（90＋202＋134＋119＋179）	贵阳市（7）、六盘水市（10）、遵义市（39）、安顺市（68）、毕节市（3）、铜仁市（109）、黔西南州（11）、黔东南州（412）、黔南州（67）
浙江（43＋47＋86＋225＋235）	杭州市（52）、宁波市（28）、温州市（29）、湖州市（6）、绍兴市（25）、金华市（104）、衢州市（54）、舟山市（3）、台州市（65）、丽水市（256）
山西（48＋22＋59＋150＋271）	太原市（6）、大同市（13）、阳泉市（24）、长治市（69）、晋城市（166）、晋中市（77）、运城市（19）、忻州市（27）、临汾市（47）、吕梁市（67）、朔州市（12）
广东（40＋51＋35＋34＋103）	广州市（13）、韶关市（14）、深圳市（1）、汕头市（12）、珠海市（2）、佛山市（22）、江门市（12）、湛江市（12）、茂名市（1）、肇庆市（11）、惠州市（9）、梅州市（77）、汕尾市（2）、河源市（15）、清远市（31）、东莞市（6）、中山市（6）、潮州市（4）、云浮市（3）、阳江市（1）、揭阳市（6）
福建（48＋25＋52＋104＋265）	福州市（47）、平潭综合实验区（5）、莆田市（3）、三明市（62）、泉州市（42）、漳州市（45）、南平市（80）、龙岩市（59）、宁德市（142）
江西（33＋56＋36＋50＋168）	南昌市（13）、景德镇市（29）、萍乡市（1）、九江市（8）、新余市（7）、鹰潭市（3）、赣州市（51）、吉安市（72）、宜春市（23）、抚州市（96）、上饶市（40）
安徽（25＋40＋46＋52＋237）	合肥市（4）、淮南市（1）、芜湖市（1）、铜陵市（7）、安庆市（17）、黄山市（271）、池州市（23）、宣城市（68）、滁州市（1）、六安市（8）、马鞍山市（1）
河南（16＋46＋37＋25＋81）	郑州市（8）、开封市（1）、洛阳市（24）、平顶山市（33）、安阳市（25）、鹤壁市（22）、焦作市（11）、新乡市（13）、濮阳市（2）、漯河市（1）、许昌市（6）、三门峡市（14）、商丘市（2）、南阳市（9）、信阳市（33）、驻马店市（2）、周口市（1）、济源市（2）

续表3.2

省份（批次数）	市、州、地区（个数）
湖南（30＋42＋19＋166＋401）	长沙市（3）、株洲市（4）、湘潭市（3）、衡阳市（28）、邵阳市（43）、常德市（3）、岳阳市（4）、张家界市（29）、益阳市（14）、郴州市（91）、永州市（85）、怀化市（170）、娄底市（11）、湘西州（172）
广西（39＋30＋20＋72＋119）	南宁市（14）、柳州市（21）、桂林市（150）、梧州市（2）、北海市（3）、钦州市（7）、贵港市（5）、玉林市（22）、百色市（3）、贺州市（47）、防城港市（1）、河池市（4）、崇左市（3）、来宾市（10）
湖北（28＋15＋46＋29＋88）	武汉市（4）、黄石市（13）、十堰市（13）、宜昌市（12）、襄阳市（6）、荆门市（3）、孝感市（10）、黄冈市（36）、咸宁市（21）、随州市（4）、恩施州（80）、仙桃市（1）
四川（20＋42＋22＋141＋108）	成都市（10）、攀枝花市（4）、泸州市（26）、自贡市（13）、德阳市（6）、绵阳市（16）、广元市（26）、遂宁市（2）、内江市（4）、乐山市（8）、南充市（6）、眉山市（5）、宜宾市（9）、广安市（11）、达州市（10）、雅安市（17）、巴中市（27）、资阳市（3）、阿坝州（41）、甘孜州（71）、凉山州（16）
重庆（14＋2＋47＋11＋36）	涪陵区（4）、九龙坡区（1）、綦江区（1）、忠县（2）、万州区（3）、黔江区（5）、大足区（4）、巴南区（1）、江津区（5）、合川区（1）、永川区（2）、潼南区（2）、梁平区（1）、城口县（1）、武隆区（5）、忠县（2）、巫山县（1）、石柱县（8）、秀山县（22）、酉阳县（31）、彭水县（7）
河北（32＋7＋18＋88＋61）	秦皇岛市（2）、石家庄市（53）、邯郸市（44）、邢台市（38）、保定市（12）、张家口市（52）、唐山市（2）、承德市（1）、衡水市（1）
青海（13＋7＋21＋38＋44）	西宁市（9）、海东市（59）、黄南州（27）、玉树州（17）、海南州（2）、果洛州（4）

续表3.2

省份（批次数）	市、州、地区（个数）
山东（10+6+21+38+50）	济南市（10）、青岛市（3）、淄博市（25）、枣庄市（10）、潍坊市（6）、泰安市（5）、威海市（17）、烟台市（25）、济宁市（14）、临沂市（14）、莱芜市（2）、菏泽市（2）、日照市（2）
陕西（5+8+17+41+42）	西安市（2）、铜川市（3）、咸阳市（6）、渭南市（33）、延安市（11）、汉中市（5）、榆林市（34）、安康市（15）、商洛市（2）、宝鸡市（1）
江苏（3+13+10+2+5）	无锡市（2）、扬州市（2）、苏州市（13）、南京市（2）、常州市（2）、镇江市（5）、泰州市（2）、南通市（2）、淮安市（1）、盐城市（1）
内蒙古（3+5+16+20+2）	包头市（10）、乌兰察布市（4）、呼和浩特市（6）、呼伦贝尔市（10）、赤峰市（7）、通辽市（1）、鄂尔多斯市（2）、巴彦淖尔市（5）、阿拉善盟（1）
海南（7+0+12+28+17）	海口市（15）、琼海市（5）、文昌市（7）、定安县（11）、临高县（2）、澄迈县（15）、昌江县（1）、乐东县（4）、琼中县（1）、三亚市（1）、东方市（1）、陵水县（1）
北京（9+4+3+5+1）	房山区（4）、门头沟区（12）、密云区（3）、昌平区（1）、顺义区（1）、延庆区（1）
甘肃（7+6+2+21+18）	兰州市（4）、白银市（6）、张掖市（2）、平凉市（2）、定西市（1）、庆阳市（1）、天水市（4）、陇南市（18）、临夏州（5）、甘南州（14）
新疆（4+3+8+2+1）	吐鲁番市（3）、哈密市（2）、伊犁州（1）、克孜勒苏州（1）、阿勒泰地区（2）、昌吉州（8）、和田地区（1）
西藏（5+1+5+8+16）	昌都市（4）、日喀则市（9）、林芝市（5）、山南市（11）、拉萨市（4）、那曲市（1）、阿里地区（1）
辽宁（0+0+8+9+13）	沈阳市（4）、鞍山市（1）、抚顺市（2）、阜新市（1）、朝阳市（15）、葫芦岛市（4）、锦州市（3）

续表3.2

省份（批次数）	市、州、地区（个数）
吉林（0＋2＋4＋3＋2）	通化市（1）、白山市（6）、延边州（3）、吉林市（1）
黑龙江（2＋1＋2＋1＋8）	齐齐哈尔市（4）、大庆市（1）、伊春市（2）、佳木斯市（1）、哈尔滨市（1）、牡丹江市（2）、黑河市（3）
上海（5＋0＋0＋0＋0）	上海市（5）
宁夏（4＋0＋0＋1＋1）	吴忠市（1）、固原市（2＋1）、中卫市（2）
天津（1＋0＋0＋2＋1）	西青区（1）、蓟州区（2）、宝坻区（1）

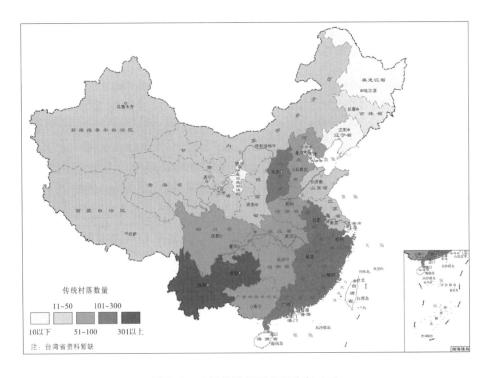

图3.1 中国传统村落空间分布（1）

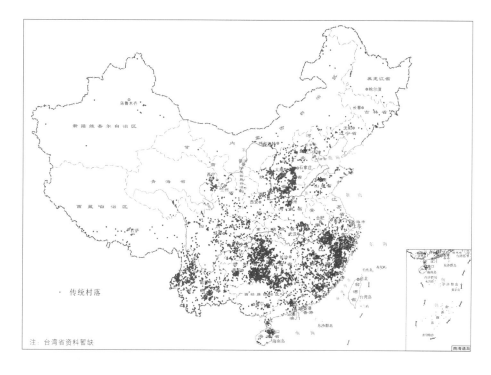

图 3.2 中国传统村落空间分布（2）

3.1.3 传统村落的景观分异

传统村落景观丰富，其分异特征明显，其中山墙就特别典型。为了尽可能地揭示传统村落山墙景观的地域分异特征，作者采用样带样点结合区域比较的研究方法，南北方向选取 110°E—116°E 样带，东西方向选取 28°N—32°N 样带（图 3.3），在这两条样带中选取 121 个传统村落样点作为研究样本，分析其山墙的特征及其蕴含的变化规律。之所以选取这两条经纬带，是因为这两条经纬带中包含的省级行政区最多，能得到比较全面而又连续的地理数据资料。由于所需要数据量大、面广且地域空间跨度大，作者主要采用网络资源查寻和图书文献检索的方法查找相关资料。网络资源丰富且较为齐全，而图书和文献具有一定的学术认同性，所以，使用这两个方法采集数据是可行可信的。

景观基因与地方认同：侗族传统村落的实证

a

b

图 3.3 选取的样带示意

（1）传统村落民居山墙类型。

山墙，即房屋的横向外墙，其主要作用是与邻房隔开和防火。本书所研究的主要为民居的外山墙。自古以来，天人感应、宗法礼制等传统思想观念一直深深刻印在人们的心中，影响着人们，其影响也显现在建筑山墙的构造当中。例如，将山墙分为五行："金"山墙的构造具有一个大的弧形，"木"山墙特征表现为弧线窄而高，"水"山墙顶端由多个弧线组成，"火"山墙的顶角为锐角，"土"山墙有平整的顶端。中国传统村落山墙的类型如表3.3所示。

表3.3 中国传统村落山墙类型样本

山墙类型	含义	类型数量	村落样本	山墙原图
	山墙一：墙面呈人字形，墙顶角角度较大	63	许家山村、屿北村、高迁村、冢斜村、明月湾村、十八行村、高林村、歇马村、翠亨村、南岗古排村、板梁村等	
	山墙二：墙面呈人字形，墙顶角角度较小	5	南阁村、天宝村、庆阳坝村、临沣寨、美岱召村	
	山墙三：墙面呈人字形，墙檐角有起翘	10	呈坎村、两河口村、高山村、大岭村、秀水村、垣田村、阆景村、北洸村、北方城村	
	山墙四：二叠形马头墙，墙顶表现为二级阶梯状	5	高椅村、深澳村、新叶村、棠樾村、沧溪村	

续表3.3

山墙类型	含义	类型数量	村落样本	山墙原图
	山墙五：三叠形马头墙，墙顶表现为三级阶梯状	7	陆巷村、寺平村、唐模村、屏山村、南屏村、虹关村、鹏城村	
	山墙六：三叠形马头墙，墙檐角有起翘	21	五当召村、大余湾村、石塘村、钓源村、厚吴村、宏村等	
	山墙七：墙顶部呈弧线形，形似锅耳	6	碧江村、松塘村、南社村、塘尾村、大旗头村、上岳古围村	
	山墙八：墙顶部为平整线条形	3	自力村、店头村、萝卜寨村	
	山墙九：墙顶呈现阶梯状，墙顶平整	1	莫洛村	

根据上文所述以及所收集的山墙样本表，我们把传统民居山墙主要分为以下几类：人字形山墙，马头墙和锅耳形山墙。

第一，人字形山墙（图3.4）。

人字形山墙在我国传统民居建筑中存在最为广泛。由于地域的不同，人字形山墙也有着不同的样式,主要表现为顶角角度的不同和山墙檐角有无起翘。

图 3.4　中国传统村落民居人字形山墙

第二,马头墙(图 3.5)。

马头墙是徽派建筑的典型代表,白墙黑瓦。在马头墙中也有几种不同的样式,表现为有无起翘和二叠或者三叠。

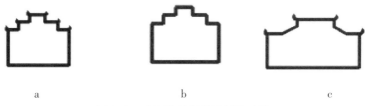

图 3.5　中国传统村落民居马头墙

第三,锅耳形山墙(图 3.6)。

锅耳形山墙在传统民居山墙中是一个独具浓厚地域特色的种类。其顶角不是传统山墙的尖角或者平顶,而是一种圆弧形的顶,线条柔美。

图 3.6　中国传统村落民居锅耳形山墙

(2)传统村落民居山墙经纬向分异。

根据选定的 28°N—32°N 纬度带,共有 49 个传统村落位于此纬度带

（图 3.7、附录 4 彩图 1）。由制作的山墙图谱及收集的资料可以明显地看出，此纬度带中的 49 个传统村落分布广泛，共涉及 8 个省。其中，四川省 3 个、贵州省 2 个、湖北省 5 个、湖南省 1 个、江西省 10 个、安徽省 12 个、江苏省 3 个、浙江省 13 个；在这 8 个省当中，又相对集中于浙江、安徽、江西三省，其比例达到 70%。根据选定的 110°E—116°E 经度带，共有 72 个传统村落位于此经度带（图 3.8、附录 4 彩图 2）。这 72 个村落分布于 12 个省份，其中，内蒙古自治区 2 个、北京市 2 个、河北省 7 个、山西省 23 个、陕西省 2 个、河南省 2 个、湖北省 2 个、湖南省 7 个、江西省 7 个、广西壮族自治区 2 个、广东省 14 个、海南省 2 个；在这 12 个省份中，又相对集中于山西、广东、河北、湖南、江西五省，其比例达到 80%。

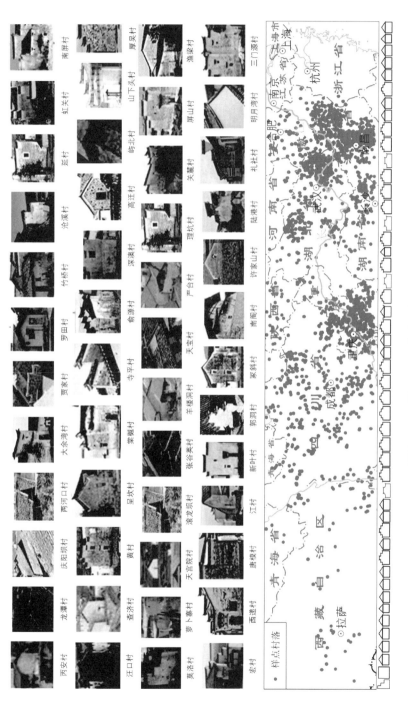

图 3.7 28°N—32°N 传统村落样带样点

图 3.8 110°E—116°E 传统村落样带样点

第一，纬度样带中 114°E 以东传统村落民居山墙以马头墙为主，以西以人字形山墙为主。

根据所收集的传统村落山墙资料以及绘制的图谱，114°E 以东的安徽、浙江、江西、江苏省以及湖北省的大余湾村共计 39 个村落中，马头墙 24 个，人字形山墙 15 个（图 3.9a）；该经度以西的 10 个村落中有 8 个人字形山墙，只有四川省的萝卜寨村和莫洛村山墙为马头墙（图3.9b）。

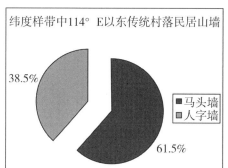

图 3.9 传统村落民居山墙类型统计

第二，纬度样带中传统村落民居山墙风格自西向东趋向多样。根据选取的纬度带中的49个传统村落民居山墙简图（图3.7），分析可以得出，东部地区传统村落民居山墙的风格相对中部和西部更为丰富。相对而言，东部的江苏、浙江、安徽传统村落民居的山墙起翘样式多样且幅度不一，马头墙也表现出二叠和三叠两种；江西、湖南、湖北、贵州、四川传统村落民居的山墙中，马头墙不多，人字形山墙格调也相对单一，起翘幅度小。

第三，经度样带中传统村落民居山墙风格自北向南趋向多样。根据选取的经度带中的72个传统村落民居山墙简图（图3.8），分析可以得到，在样点相对集中的山西省，其传统村落民居山墙均为人字形山墙，起翘幅度小。在样点相对集中的广东省，其传统村落民居山墙风格多样：有普通的人字形山墙，但是其起翘幅度大，顶角角度小；有锅耳墙，更是灵活多变，独具特色。

（3）传统村落民居山墙省域分异。

除了上述在经纬带中进行比较之外，在省域之间进行比较，我们可以得出，省域之间传统村落民居山墙分异明显。在安徽，马头墙是其民居山墙的主要形式；在广东，锅耳墙占据了相当大的比例，具有地域代表性；在传统村落较多的山西，普通的人字墙则为其主要的山墙形式。（图3.10）。

第一，人字形山墙所占比例大。在所选出样点村落的17个省份当中，人字形山墙存在于每一个省。其中四川、贵州、内蒙古、北京、河北、山西、陕西、河南、广西、海南10省份中，人字形山墙占据绝对的比例；北

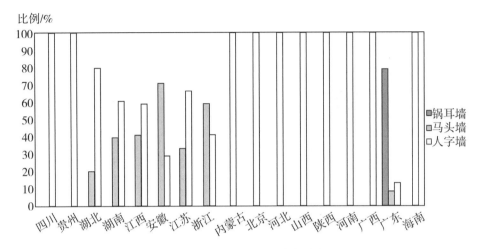

图 3.10 传统村落民居山墙省域分异

方省份基本都是人字形山墙，且形式较为单一，都为无起翘、顶角角度大的人字形山墙（图 3.11）。

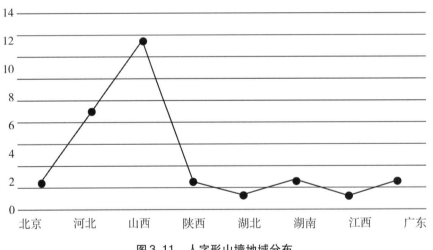

图 3.11 人字形山墙地域分布

第二，南方省域山墙较北方省域更为丰富多样。所选 17 个省份当中，处于我国南方的省份有 11 个，其中 7 个具有 2 种及以上种类的山墙，且随着纬度的降低，山墙的种类越来越多样，各种山墙也具有不同的特征。

3.1.4 传统村落的外部形态分异

中国五千年的文明历史塑造了丰富的传统文化，在近千万平方公里的辽阔地域上分布着不同经济、文化、自然环境的数量众多、类型丰富、建筑精美的传统村落。截至2019年，我国住房和城乡建设部等部门公布了五批共6819个传统村落。中国传统村落是农业生产、起居形态、文化传统至今保留完整的古村落，具有重要的社会经济、文化、生态价值，被誉为"传统文化的明珠""民间收藏的国宝"。[4] 关于传统村落景观形态的研究，谢友宁等介绍了国外传统村落保护的环境、伦理和文物内容[227]，吕晶等归纳了村落空间形态的形成因素及形成机制[228]。陶伟等探索了传统村落的空间句法形态[229]，刘华杰等分析了影响福建传统村落的空间界面、空间尺度和空间演化[230]，陆林等分析了徽州古村落的演化过程[231]，吴必虎等总结了我国历史文化名镇名村空间分布规律[232]。刘沛林等提出了景观基因的新方法，随后构建了传统村落景观基因的识别指标体系，以此为基础对中国传统聚落进行景观区划。[94] 近年来，有学者探索利用 GIS 方法进行中国传统村落空间分布及影响因素研究[233]，然而被广泛运用于国际地圈生物圈计划（IGBP）的样带法[234]在传统村落的研究中很少涉及。基于此，本书运用样带方法对中国传统村落的外部形态展开研究，以期丰富传统村落景观形态研究的方法。

3.1.4.1 研究方法与数据采集

（1）样带样点选取。

我国传统村落外部形态的空间差异明显，由于我国地域辽阔，传统村落众多（目前公布的中国传统村落就有6819个），样带法是研究空间差异的很好的研究工具；但是，如何选择样带，值得思考。选取的样带既要能够揭示我国的空间差异，又要有足够的代表性样本。因此，纬度样带首先考虑传统村落集中带（北纬30度），为了在东西向上有更多省份进入样带，我们向南北各扩展2个纬度，即选取28°N—32°N 纬度带（图3.12a）。这个纬度带从西至东有西藏、四川、重庆、贵州、陕西、湖北、湖南、江西、安徽、浙江、江苏、上海等12个省份，共包括113个中国传统村落，基本每个省份都有样点村落。经度带首先考虑传统村落集中带（东经112度），为了在南北向上有更多省份进入样带，我们向西扩展2个经度，向东扩展4个经度，即选取110°E—116°E 经度带（图3.12b）。这个经度带从北至南有黑龙江、内蒙古、河北、北京、天津、山西、山东、河南、安徽、湖北、湖南、江西、广西、广东、海南等15个省份，共包括158个中国传统村落，基本每个省份都有样点村落。两条样带共选取271个中国传统村落样点。

a. 中国传统村落纬度样带样点

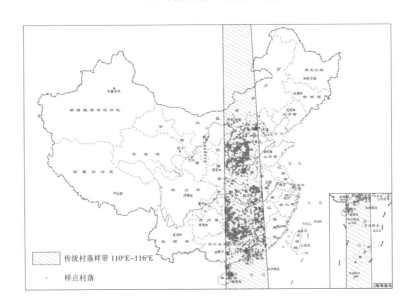

b. 中国传统村落经度样带样点

图3.12　中国传统村落样带样点示意

(2) 数据采集。

本项目所需要数据量大、面广且地域空间跨度大,鉴于实地调研的时间成本大,网络查寻、图书文献检索较为方便,本研究采取相互补充、相互印证等方法进行。具体来说,中国传统村落的位置信息以住房和城乡建设部等部门联合公布的五批中国传统村落为基准,首先利用谷歌地图进行空间位置定位,然后结合实地调研进行位置纠正。样本村落外部形态数据首先利用网络搜索中国传统村落申报材料,然后查阅已经出版的中国古村落系列丛书资料,不够的再进行实地补充调查。

(3) 数据处理。

传统村落位置定位首先运用谷歌地图进行空间位置获取,然后在ArcGIS上进行位置纠正,位置定在行政中心。对于传统村落的外部形态资料,主要来源有书本资料、网络资料和实地调研资料。这些数据都有其缺陷,如实地调研资料(一手资料)有作者的主观性,而网络资料和书本资料(二手资料)又无法保证其真实性,所以本书对一手资料与二手资料进行三角测量与验证,以保证数据使用的可靠性。在进行三角验证的基础上,作者利用综合资料进行传统村落外部形态简图制作。

3.1.4.2 传统村落外部形态的类型

传统村落外部形态,即传统村落空间要素自组织演变的外在表现。本书所研究的传统村落外部形态是指传统村落建筑的外围轮廓形态。由于中国地域辽阔、地形复杂多样,气候也千差万别,中国传统村落的外部形态也存在很大差异。为了研究中国传统村落外部形态的类型,本书根据传统村落外部形态资料进行简图绘制,然后结合已有的分类研究成果,进行归纳总结。我们把传统村落外部形态主要分为两大类型:紧凑型和分散型(表3.5)。

表3.5 中国传统村落外部形态类型样本统计

大类	小类	简图	村落样本	样本数量
紧凑型	梯形：四条边围合，一组平行		许家山村、屿北村、高迁村、冢斜村、明月湾村等	47
	矩形：四条边围合，两组平行		南阁村、天宝村、庆阳坝村、临沣寨、美岱召村等	43
	三角形：三条边围合		呈坎村、两河口村、高山村、大岭村、秀水村、垣田村、阎景村等	22
	弯月形：两头尖，中间弯曲		陆巷村、寺平村、唐模村、屏山村、南屏村、虹关村、鹏城村	52
	梨形：头部长细，尾部宽胖		五当召村、大余湾村、石塘村、钓源村、厚吴村、宏村等	36
分散型	Y形：朝三个方向延伸		北洸村、北方城村等	18
	链形：道路或河流连接，民居分散		碧江村、松塘村、南社村、塘尾村、大旗头村、上岳古围村等	14
	元宝形：两头高，中间低，船体状		自力村、店头村、萝卜寨村等	13
	梭形：两头细，中部宽		莫洛村等	26

（1）紧凑型。

紧凑型是我国传统村落外部形态的基本类型，在全国分布较为广泛，主要包括梯形、矩形、三角形、弯月形、梨形五小类。梯形形态由较为明显的四条边围合而成，其中两条对边较为平行，另两条边倾斜，主要存在于山西、广东、浙江等地；矩形形态由较为明显的四条边围合而成，其中两组对边较为平行，主要存在于河北、山西、江苏、浙江等地；三角形形态由较为明显的三条边围合，主要存在于河北、浙江等地；弯月形形态两头比较尖，中间明显弯曲，主要存在于湖南、广东、浙江等地；梨形形态头部较长较细，尾部比较宽胖，主要存在于广西、江西、安徽等地。

（2）分散型。

分散型也是我国传统村落外部形态的基本类型，在全国分布较紧凑型少，主要包括 Y 形、链形、元宝形和梭形四小类。链形形态由道路或河流连接，民居分布较散，主要存在于湖南、江西、安徽等地；元宝形形态边界呈圆弧形，两头高，中间低，造型呈船体状，形似古代的金元宝，主要存在于山西、江西、广西、浙江等地；梭形形态两头较细，中部较宽，主要存在于山西、广东、湖北、浙江等地。

3.1.4.3　传统村落外部形态的样带分异

（1）传统村落外部形态样带的总体分异。

根据选定的28°N—32°N纬度带，共有113个传统村落位于此纬度带。其中，西藏自治区3个、四川省7个、重庆市1个、湖北省14个、湖南省6个、江西省18个、安徽省11个、江苏省6个、浙江省47个。由村落外部形态图谱及收集的资料可以明显地看出，此纬度带中的113个传统村落分布广泛，共涉及12个省，而在这9个省当中，相对集中于浙江、安徽、江西三省，占据的比例达到67%。根据选定的110°E—116°E经度带，共有158个传统村落位于此经度带。其中，内蒙古自治区2个、河北省31个、河南省13个、山西省31个、湖北省5个、湖南省15个、江西省18个、广西壮族自治区18个、广东省25个、海南省1个。

第一，紧凑型形态所占比例大。

选定的两条样带中，传统村落样点数量为271个，其中外部形态为紧凑型的200个（梯形形态为47个，矩形形态为43个，三角形形态为22个，弯月形形态为52个，梨形形态为36个），外部形态为分散型的71个（Y形形态为18个，链形形态为14个，元宝形形态为13个，梭形形态为26个）（图3.13）。

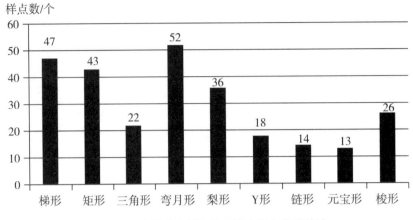

图 3.13　中国传统村落外部形态样点类型统计

第二，传统村落外部形态省域分异明显。

依据表 3.5 和图 3.14 我们可以得出，省域之间传统村落外部形态的地域分异明显。在河北、河南、山西、广西，矩形是其传统村落外部形态的主要形式；在广东、湖南，弯月形则占了相当大的比例；内蒙古、湖北、江西等地则属于混合地带，各种类型的传统村落外部形态都有，且比例相当。在经度样带中，梯形主要分布在山西和广东，矩形主要分布在河北和山西，三角形与 Y 形主要分布在河北，弯月形主要分布在湖南和广东，梨形主要分布在广西，链形主要分布在湖南，元宝形村落较少，主要分布在山西、江西和广西，梭形主要分布在河北和广东。在纬度样带中，梯形、三角形、Y形、弯月形、元宝形这几类形态都多出现在浙江，矩形主要分布在江西和浙江，梨形主要分布在江西和安徽，梭形主要分布在湖北和浙江。

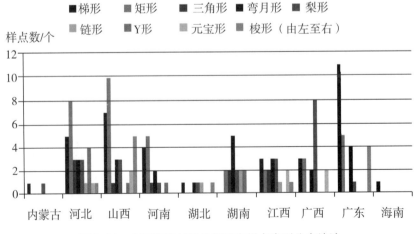

图 3.14　中国传统村落外部形态样点类型分省统计

(2) 传统村落外部形态样带的经向分异。

第一,传统村落外部形态种类从中部向南北两侧变少。

根据选取的经度带中的 158 个传统村落外部形态分异图(图 3.15、附录 4 彩图 3),分析可以得到,内蒙古、广西及海南的传统村落外部形态种类较少;在样点相对集中的河北省、山西省及广东省,其传统村落外部形态意象种类较多,且梯形和矩形村落较多;河南省、湖北省、湖南省、江西省各类外部形态分布较为平均。

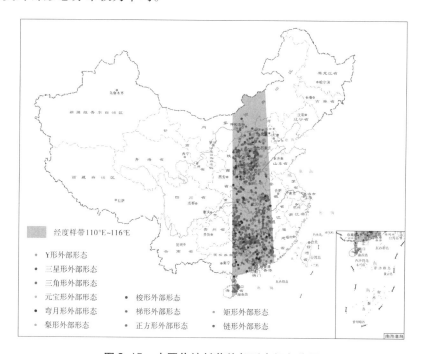

图 3.15 中国传统村落外部形态经向分异

第二,传统村落外部形态从中部向南北两侧紧凑度提高。

如图 3.16,我们可以清楚地看到,河北、山西、河南这三省紧凑型外部形态数量多于分散型外部形态,主要是由于地势比较平坦,起伏不大,自古以来也是中原文化中心,紧凑的外部形态受地势和文化影响数量比较多;湖北、湖南、江西和广西这四省区分散型外部形态数量多于紧凑型外部形态,这主要是因为这几个省区处于丘陵地区,地势多变,河流交通状况复杂,外部形态影响因素多,故分散型外部形态数量较多;广东和海南则紧凑型外部形态数量多于分散型外部形态数量。

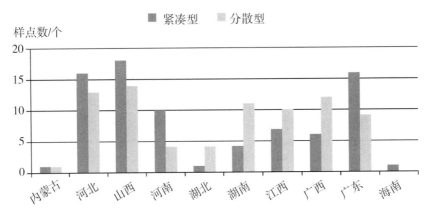

图 3.16　经度带中各省份紧凑型与分散型外部形态村落数量统计

（3）传统村落外部形态样带的纬向分异。

第一，总体以分散型为主，紧凑型较少。

根据选取的纬度带中的传统村落外部形态分异图（图 3.17、附录 4 彩图 4）可知，传统村落的外部形态以分散型为主，分散型的村落个数为 83 个，约占总体样本数量的 73.5%。紧凑型的传统村落较少，且多分布于东部省份，如浙江、江西两省。

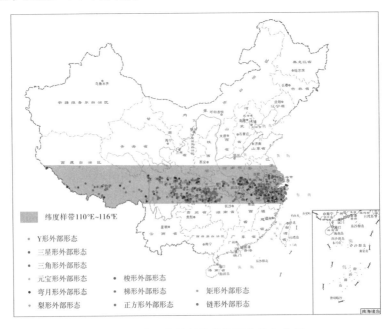

图 3.17　中国传统村落外部形态纬向分异

第二，传统村落外部形态从西往东紧凑度提高。

如图3.18，纬度样带中传统村落的外部形态，东部地区以矩形、梯形和三角形等较为紧凑、方正的形状为主。这种分布差异的主要原因是东西地形等自然条件的差异。

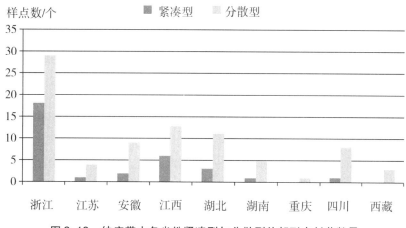

图3.18 纬度带中各省份紧凑型与分散型外部形态村落数量

3.1.4.4 传统村落外部形态空间分异的原因分析

我国地域辽阔，传统村落外部形态有着明显的空间分异。形成这些空间差异的因素是多种多样的，我们可以从自然环境、地域文化、经济发展水平、社会制度四个方面进行分析。

(1) 自然环境。

在科学技术与社会生产力极其有限的古代社会，自然环境对建筑形制和村落布局的形成往往起决定性作用。传统村落的外部形态很大部分是由于自然条件中地形的作用而形成的，在中国古代，也就是传统村落布局蕴藏丰富的规划思想，选取的经纬度带中的传统村落的外部形态多为规整形态，不规整的形态（如链形）往往是因山势地形等影响造成的。这些都体现了我国古代朴素的规划思想。村落为了适应地形而不得不做出选址条件的变更，这在很大程度上影响了村落的外部形态。在平原地区，没有地势的起伏，房屋修建地比较平整，选址随意性较大，这样村落整体形态会比较平整且范围较大。山地丘陵地区，地势起伏大，并不是所有地方都适合修建房屋，村落的外部形态就会比较零散。

(2) 地域文化。

建筑是物质文化的表现形式之一。每一个地域的发展都有其特定的文化背景，而每个地域的文化都能在其建筑上得以体现。传统村落是"人化自然"中的一种文化形态，注入了居民的精神寄托，是当地居民日常生活的场所，是显示其存在意义的空间，是一种反映人类存在的文化景观。我国地域广阔，历史文化悠久，地域文化分异显著，在不同的文化区中自然环境和人文环境多不相同，其居民的文化习俗和思想观念也有不同。例如，广东靠近东南亚，有不少当地居民下海活动，文化的交流也给当地的建筑带来了外来的风格，其传统村落民居外部形态独具特色。

(3) 经济发展。

由于各自形成的历史时间不同，不同种类的传统村落的外部形态也是不同的。村落外部形态的演化离不开人类的生产生活，是长久积累下来的。村落内总人口的增加或减少能反映出村落内有多少人需要建房。随着城市化不断发展，农村人进城打工，工资增加，生活条件变好，然而很多人都有落叶归根的思想，还会选择回家乡建房子。这样，房屋的增加一定程度上促进了村落的发展，改变了村落外部形态。

(4) 社会制度。

人类的习俗文化深刻影响着建筑的样式。城市或聚落空间的表意作用，必须通过一定的外部形态来表达。人类对建筑空间与建筑环境的感性知觉源自人们对所处的历史文化系统的空间记忆。不同社会和部落面对多种人类行为的可能性进行不同的选择，从而导致了诸文化的迥然相异。这种选择塑造了不同的生活，在特有的文化下，必然形成对于建筑外部形态有差别的表意系统。把中国传统建筑文化置于更广更深的社会历史变迁中，社会制度的变迁对中国传统建筑环境的影响巨大。

3.2 侗族传统村落及其景观特征

3.2.1 侗族传统村落的空间分布特征

侗族，百越人的遗裔，秦称为"黔中蛮"，汉代称为"武陵蛮"或"五溪蛮"，魏晋南北朝称为"僚"，到唐代，在称"僚"的同时又称为"僚浒"或"乌浒"。自宋以后，这一地区居民的称谓更为复杂，分别被称为"仡伶"、"仡佬"、"仡偻"、苗、瑶等。至明代才有"峒人"或"洞蛮"之称。清代则多称之为"洞苗""洞民""洞家",或泛称为苗。"干"（gaeml）或"更"（geml），或"金"（jaeml）、"仡伶"乃是侗族的自称。"峒人"或"侗家"是汉族对侗族的称谓。[182]

侗族是中国的少数民族之一，总人口数为288万人（2010年第六次人口普查）。侗族分布于黔、湘、桂、鄂等地20多个县市，主要聚居在贵州、湖南和广西三省（区）交界的毗连地带（表3.6）。根据建设部公布的中国传统村落名单，共有侗族传统村落226个（表3.7），主要分布在贵州、湖南和广西三省（区）交界地带，且南部多北部少（见图1.2）。

表3.6 中国侗族及村寨分布

序号	所在省份	所在县、市（区）	人口数/人	所占比例/%	案例村寨
1	贵州	从江、榕江、黎平、锦屏、天柱、剑河、三穗、镇远、岑巩、玉屏、石阡、江口、万山、铜仁、松桃、荔波、独山、都匀	1431928	49.72	报京、肇兴
2	湖南	芷江、会同、靖州、通道、城步、绥宁、洞口、黔阳	854960	29.69	芋头、大团、天井
3	广西	三江、龙胜、融安、罗城、东兰	305565	10.61	程阳
4	湖北	恩施、宣恩、咸丰、利川、来凤	52121	1.81	
5	其他		235400	8.17	

资料来源：http://www.sach.gov.cn/col/col1622/index.html，http://blog.sina.com.cn/s/blog_3e5b17040102dxxr.html。

表 3.7 侗族传统村落空间分布

所在省份	所在市（州）	村落名称
湖南（43）	怀化市（38）	会同县高椅乡高椅村； 通道县坪坦乡坪坦村、皇都村、半坡村、高步村、高团村、横岭村、岭南村、中步村，双江镇芋头村，播阳镇上湘村、新团村贯团村，甘溪乡洞雷村，独坡镇地坪村，陇城镇老寨村、张里村，万佛山镇官团村，溪口镇北麻村、画笔村、坪头村孟冲村、杉木桥村定溪村、县溪镇恭城村、水涌村、西流村，牙屯堡镇炉溪村，文坡村枫香村、元现村； 新晃县天堂乡道丁村，贡溪乡天井寨村、绍溪村，凉伞镇桓胆村、黄雷村、坪南村，林冲镇大堡村； 靖州县寨牙乡岩脚村，藕团乡新街村，平茶镇小岔村新寨村； 洪江市湾溪乡埂上古村，沅河镇沅城村
	邵阳市（5）	绥宁县黄桑坪乡上堡村、东山乡横坡村、翁溪村，乐安铺乡大团村； 城步县长安营乡大寨村
贵州（152）	黔东南州（142）	黎平县坝寨乡蝉寨村、高场村、高兴村、青寨村、高西村、器寨村，德顺乡平甫村，地坪乡岑扣村，九潮镇高寅村、贡寨村、吝洞村、高维村、定八村、大溶村新寨、顺寨村，茅贡镇蚕洞村、冲寨、登岑村、地扪村、高近村、流芳村、寨头村、腊洞村、寨母村，尚重镇育洞村、顿路村、旧洞村、上洋村、西迷村、洋卫村、口江乡银朝村、朝坪村，双江乡黄岗村、四寨村，岩洞镇述洞村、岩洞村、宰拱村、竹坪村、大寨村、小寨村，永从乡豆洞村、九龙村、中罗村、额洞村、寨南村、汉寨，肇兴乡中寨村、纪堂村、堂安村、肇兴村、上寨村，孟彦镇岑湖村，水口镇东郎村、南江村、茨洞村、平善村、胜利村，雷洞乡牙双村，龙额乡上地坪村，大稼乡高仔村，德化乡高洋村、下洋村，洪州镇六爽村、赏方村，中潮镇上黄村兰洞寨； 榕江县栽麻镇大利村、宰荡村、苗兰村、归柳村，寨蒿镇票寨村、晚寨村、乌公村、寿洞村，忠诚镇定弄村，古州

续表3.7

所在省份	所在市（州）	村落名称
贵州 （152）	黔东南州 （142）	镇高兴村、三盘村，乐里镇保里村、本里村、大瑞村、乔勒村，平阳乡硐里村； 从江县往洞乡增冲村、则里村，高增乡岜扒村、小黄村、美德村，谷坪乡银潭村、留架村、五一村党苟寨，下江镇高仟村、巨洞村，丙妹镇岜沙村、老或村、龙江村、銮里村岑报寨，往洞镇朝利村、增盈村、高传村、信地村、秧里村、德桥村、贡寨村、往洞村平楼寨，刚边乡三联村，贯洞镇潘今滚村，洛香镇登岜村，庆云镇转珠村、佰你村迫面寨、广力村归料寨，翠里乡高开村、宰转村、西山镇滚郎村、卡翁村； 镇远县报京乡报京村； 剑河县磻溪镇洞脚村、大广村，敏洞乡沟洞村、高垛村，柳川镇返排村、南加镇九旁村、柳基村、久仰乡毕下村； 黄平县重安镇塘都村；施秉县双井镇龙塘村 台江县排羊乡大塘村，台盘乡空寨村、南瓦村，革一乡江边村，老屯乡白土村； 锦屏县彦洞乡瑶白村，茅坪镇茅坪村，三江镇瓮寨村、平秋镇圭叶村、魁胆村，启蒙镇腊洞村； 天柱县渡马镇共和村甘溪寨、高酿镇邦寨村邦寨、木杉村大寨、坐寨村、蓝田镇碧雅村和当寨、远口镇元田村
	铜仁市（10）	万山特区黄道乡瓦寨村，敖寨乡石头寨； 碧江区坝黄镇宋家坝村塘边古树园，瓦屋侗族乡克兰寨村，六龙山侗族土家族乡瓮慢村，云场坪镇路腊村； 玉屏侗族自治县新店乡朝阳村、大湾村； 石阡县坪地场仡佬族侗族乡石榴坡村； 官和侗族土家族苗族乡泗渡村后溪组

续表 3.7

所在省份	所在市（州）	村落名称
广西（27）	柳州市（19）	三江县丹洲镇丹洲村，独峒镇高定村、邑团村、林略村、唐朝村、玉马村、座龙村，林溪镇高友村、平岩村、高秀村、冠洞村，八江镇八斗屯、归大屯、马胖村磨寨屯、中朝屯，和平乡和平村，老堡乡老巴村，梅林乡车寨村，洋溪乡高露村
	桂林市（8）	龙胜县乐江乡宝赠村、地灵村、石甲村委泥寨组与岩寨组、西腰大屯，平等镇广南村、龙坪村、平等村、小江村委田段组
湖北（4）	恩施州（4）	宣恩县长潭河乡白果村黄家寨，晓关侗族乡骡马洞村、中村坝村；恩施市芭蕉侗族乡戽口村彩虹山组

资料来源：http://www.sach.gov.cn/col/col1622/index.html 及根据中国传统村落名录整理。

3.2.2 侗族传统村落的景观格局特征

（1）聚族而居。

人类的居住方式从一开始就与社会生活和社会组织密切联系在一起，聚落的原初形态是氏族聚落。同一氏族或不同氏族的人们往往集中住居在一起，其聚落景观呈现出"聚族而居"的组群式特点。侗族村落是由房族为基本单位组成的亲缘网络[75]，其村落景观表现出突出的组合特征（图 3.19）。

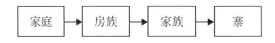

图 3.19 侗族传统村落景观构成形态

（2）山间平坝环境。

侗族村寨一般依托山地与河流等自然地理条件进行布局，呈现出不同的聚落景观形态。依据村寨规模和布局方式的不同，可将侗族聚落形态从宏观上分为群山环抱组团型、随山就势自由衍生型、河道一侧坐坡朝河型、河道两旁带状延伸型等四种类型。

(3) 围鼓楼布局。

中国的少数民族大多数聚居于山区，聚落选址大多数采取顺应自然的方法，没有形成统一的思想指导布局；但由于少数民族集体意识强烈，聚落布局遵循在自由中统一、无序中显现有序的原则。一般而言，大多数少数民族村落中均有一个集体象征的建筑物（或其他物化形式），它是整个村落布局的统帅，通常位于村口、村中心或村内最显著的位置，在高度上往往也高于所有民居。这一主要标志物使得整个聚落有着统一整体的向心性。侗族聚落的象征和氏族组织的徽章是鼓楼，先修鼓楼，再建寨子，民居都是围绕鼓楼布局（图3.20）。

a　　　　　　　　　　　　　　b

图3.20　肇兴侗寨的鼓楼及其民居布局

照片来源：作者自摄。以下如无注明者，均为作者自摄。

3.2.3 侗族传统村落的景观意象特征

为了研究侗族传统村落的景观意象，以通道县芋头侗寨、三江县高定侗寨和黎平县肇兴侗寨为研究案例，采用认知地图法和问卷访谈法，从微观和宏观两个尺度进行研究，得出了一些有益结论。

(1) 微观空间意象。

微观空间意象包括空间意象五元素中的标志物、节点和通道三类，其中标志物和节点是主要的微观空间意象，它们是单个的具有一定功能的物质实体。[235]因侗寨基本上为侗族居民，所以对案例侗寨的空间意象研究采用问卷调查与访谈相结合的方法。为了方便研究，选定能代表侗寨微观空间意象的鼓楼、风雨桥、寨门、萨坛、吊脚楼和青石板路作为侗寨微观空间意象元素。将调查者对这六个微观空间意象元素的颜色、体量、造型和位置的感知情况进行量化，采用打分标准进行（表3.8）。

表3.8　侗族传统村落微观空间意象感知及评分标准

微观空间意象元素	颜　色	体　量	造　型	位　置
感知度（得分）	很清楚（3） 清楚（2） 不清楚（1）	很清楚（3） 清楚（2） 不清楚（1）	很清楚（3） 清楚（2） 不清楚（1）	很清楚（3） 清楚（2） 不清楚（1）

微观空间意象元素感知分析是根据意象等级评分标准，用问卷和访谈结合照片辨认的方法进行调查的。先以问卷和访谈的方法对被调查者进行调查，再以照片辨认法让被调查者进行照片辨认。微观空间意象元素感知结果及得分见表3.9。

表3.9　侗族传统村落微观空间意象元素照片辨认结果及得分

编号	建筑、场所	认出人数	辨认率/%	得分
1	鼓楼	120	100	720
2	风雨桥	120	100	720
3	寨门	120	100	722
4	萨坛	120	100	781
5	吊脚楼	102	91	360
6	青石板路	120	100	770

除了吊脚楼外，鼓楼、风雨桥、寨门、萨坛和青石板路的辨认率都达到100%，说明芋头侗寨村整体空间意象可识别性很高；鼓楼、风雨桥、寨门、萨坛、吊脚楼和青石板路是村民生产、生活经常接触的场所，辨认率很接近，几乎没有差别，这主要是因为侗寨整体意象空间范围不大，村民很容易

辨认这些场所。但这些意象元素的得分却差别明显，这主要是村民长期生活在这些意象元素的环境里，他们能辨认出这些意象元素，但对这些意象元素的颜色、体量、造型和位置不够敏感。从得分情况来看，萨坛得分最高，得到781分，其次是青石板路（770分），鼓楼和风雨桥都得到720分，得分最低的是吊脚楼（360分）。这说明村民对意象元素的感知程度与意象元素自身的区位和功能相关。萨坛位于侗寨主干道转弯处的旁边，村民经过时即可看到。萨坛是侗寨最重要的祭祀地点，在村民心中的地位是神圣不可侵犯的。青石板路是村民每天出行的通道。寨门是进入侗寨的标志，是村民出寨入寨的必经之地。鼓楼和风雨桥都是村民休憩之地。鼓楼位于居民区的中心并靠在主干道旁，具有聚会和议事的功能；风雨桥是架过小溪的通道连接点并具有改善风水的功能。吊脚楼得分最低是因为吊脚楼是一种因为地势的制约而出现的木楼，而侗寨木质居民楼中吊脚楼样式的数量少而且分布混乱无序，村民对其进行感知时，易将其与木楼混淆。虽然吊脚楼是侗族的代表性建筑，但侗寨村民对吊脚楼的感知较模糊。整体来说，侗寨的微观空间意象元素的意象性受其自身的功能、区位和微观空间意象元素的使用者的影响。

（2）宏观空间意象。

宏观空间意象是微观空间意象元素的综合整体意象。认知地图是研究宏观空间意象的主要方法。[236-237]通过调查共获得芋头侗寨手绘认知地图59份，按所得认知地图的内容，将其分为三个类型：第一类是以道路为主导的线型（类型Ⅰ，图3.21a），第二类是以单个实体建筑（节点、标志物、居民楼）为中心的团块型（类型Ⅱ，图3.21b），第三类是以整个村落为对象的整体型（类型Ⅲ，图3.21c）。三种类型分别有认知地图31幅、16幅和12幅，分别占总量的53%、27%和20%。以道路为主导的线型认知地图多于后两者的总和，说明侗寨居民更容易以道路为基点来感知侗寨的宏观空间意象。村落整体空间意象视觉感和关联性较强，容易对其进行感知和组织。另外，从以单个实体建筑为中心的团块型认知地图可以看出：第一种是以鼓楼为中心，第二种是以被调查者的家为中心，第三种是以整个侗寨的中心为中心。

调查发现，侗寨宏观空间意象元素可以归纳为通道、节点、标志物、区域、边界五个元素。从认知地图来看，通道是侗寨空间意象中的主导元素，被调查者长期在道路上移动获得感知意象，一些经常穿行的且与周围事物区别明显的路段成为意象感知过程的焦点，如侗寨108级青石板阶梯（图3.22）。通道是道路主导型认知地图的基底。侗寨整体的道路布局是树状

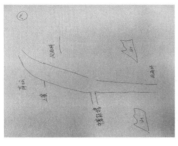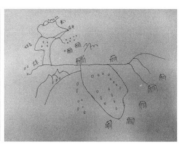

a   b   c

图 3.21 侗寨村民手绘的侗寨认知地图

的，道路意象布局由一条连续的主干道从寨门开始，穿过村寨的前部和中部，在村寨的尾部分叉成两条支道。主干道有 9 条小支路连接主干道辐射向主干道两边的居民区，形成树状道路布局结构。从道路的材质来看，侗寨的道路有水泥路和青石板路两种。青石板路段从村寨的芦笙鼓楼开始直至村尾，此外在太和鼓楼后有一条青石板小路。其余的路段都是水泥路。村民正是因为长期在这样的通道上移动，对侗寨空间意象的感知也不断地强化。

  节点是被调查者感知村落空间意象的重要支撑点，是一个区域的核心、焦点和象征。节点有可识别的形态和不可替代的功能，能给其使用者带来强烈的、难忘的印象。侗寨的重要节点是鼓楼（图 3.23）和风雨桥（图 3.24）。芋头侗寨的鼓楼有四个，即太和鼓楼、芦笙鼓楼、牙上鼓楼、龙氏鼓楼；风雨桥有两座，分别是塘头桥和塘坪桥。在侗寨整体的空间意象实体中，鼓楼和风雨桥对村民来说，是具有重要战略意义的点，是村民移动行程中可以进入的集中点。其中，鼓楼是典型的区域核心，四个不同的鼓楼分别

图 3.22 侗寨的青石板阶梯   图 3.23 侗寨芦笙鼓楼

是侗寨四个不同区域的核心和象征；风雨桥是典型的连接点，两座风雨桥分别是两处通道的连接点。在此基础上，鼓楼和风雨桥具有独特的可识别性和不可代替的功能，还有深厚的侗族文化底蕴，使其在村民感知村落空间意象的过程中产生强烈的影响。

标志物是使用者观察空间环境的参照物，在空间意象中是独一无二的，对使用者提供导向，在区域内可见度较好，是区域的象征。寨门（图3.25）和萨坛是侗寨典型的标志物。寨门为村民在村寨中确定自己的行动方向或家的定位提供了参照，同时寨门还具有重要的象征意义。萨坛作为标志物，是因为其在侗寨村民心中的重要地位和区位。萨坛是侗寨共同祭祀的地点，供奉的是村民共同的祖先萨，在村民心中神圣不可侵犯。村民对其具有强烈的敬畏心态，萨坛的强烈的社会意义强化了村民的空间感知。萨坛位于村寨主干道由直线转弯且是分叉的位置，更是强化了其作为标志物的效果。

图 3.24　侗寨风雨桥

图 3.25　侗寨的寨门

区域是一个二维平面，其使用者能在心理上有进入其中的感觉。区域的社会意义，使区域之间即使没有明显的可见界线，使用者也会从心理上划分界线，即使这样的界线比较模糊。区域具有一定的结构和共同的可识别特征，其使用者可以从区域内部确认，在区域的外部也可以利用这些共同特征作为参照。[238-239]综合认知地图和实地考察，发现侗寨整体意象区域由鼓楼、风雨桥、寨门、萨坛、吊脚楼、非吊脚木楼、青石板路、水泥路、山溪、水田、鱼塘和包围着整个侗寨落的山林组成。根据侗寨空间意象区域的分布特征、被调查者手绘的芋头空间意象认知地图以及问卷和访谈结果的综合分析，以四个鼓楼为区域中心，可将侗寨划分为四个区域（图3.26），即太和鼓楼区、芦笙鼓楼、牙上鼓楼区、龙氏鼓楼区。侗寨的空间意象的四个区域元素都是以鼓楼为中心，区域之间有大家公认的界线，道路是常见的区域界线。这是侗族特有的聚落文化，即侗人以鼓楼为中心居住，且同一鼓楼区的居民有更亲近的血缘关系或是一个家族群体。

边界是横向参照线，其使用者主要使用其对连续意象的中断、分界的作用和对两个意象间的衔接作用。边界和道路一样，是线性要素，具有连续性、可见性，有时也具有方向性。[240]例如，侗寨的小溪作为边界时，因水流存在方向而具有了方向性。侗族村落的区域意象大多以鼓楼为中心，其边界元素主要是道路和吊脚楼墙体，村落整体区域的边界是由杉树林、竹林等构成的连续的山林环形边界（图3.27）。

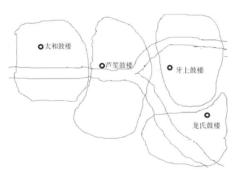

图3.26 侗寨区域元素分布　　　　图3.27 侗寨的边界（山）

3.3 侗族传统村落的景观基因识别

3.3.1 侗族传统村落景观基因的识别系统

侗族传统村落景观系统从宏观上可以解构为建筑特征、布局形态、环境特征和文化特征四个方面，因此，侗族传统村落景观基因的识别也可以从这四个方面展开。村落建筑方面主要识别侗族传统民居特征和主体性公共建筑特征，村落布局方面主要识别侗族传统村落外部形态特征和内部结构特征，村落环境方面主要识别侗族传统村落的地貌特征和典型植被，村落文化方面主要识别侗族传统村落的图腾崇拜和民俗信仰（图3.28）。

第 3 章 侗族传统村落的景观特征及基因分析

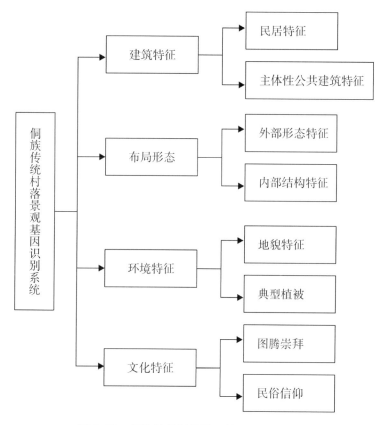

图 3.28 侗族传统村落景观基因的识别系统

3.3.2 侗族传统村落景观要素的基因分析

（1）民居特征的识别。

总体而言，侗族传统村落的民居很少雕梁画栋，总是秉持节约与朴素的观念，反映出侗族追求简约、朴实的风格。典型的侗家民居是吊脚楼。侗族吊脚楼主要分布在湖南的通道，广西的三江、龙胜，贵州的从江、黎平、榕江等南侗地区[194]，地面式住宅则分布在湖南的新晃、芷江、会同、靖州，贵州的锦屏、天柱、镇远等北侗地区。其形态特点可概括为：①平面呈方形、长条形或其他形状；②层数通常为三层；③屋基、柱础为石料，其他地方为木材；④在中轴线上主要布局公共性服务设施，如火塘、厅和堂屋；

⑤地层为牲畜棚、杂物间，楼层（三层）主要是贮藏室，也有的设置卧室，中间（二层）为住层，为卧室；⑥在靠近水的地方设置谷仓。

（2）主体性公共建筑的识别。

鼓楼是侗家的氏族公房，村寨内部商议事务、休息娱乐、婚丧大典、节庆聚会都在此举行，是侗族传统村落布局的核心和重点，通常设置在居住区的中心位置。其形态特点可概括为：①层数一般 3～17 层不等，多为单数；②造型有塔式和阁式两种；③内有 4 根主柱，12 根大柱，四周墙体为栅栏形式。[241]

（3）布局形态的识别。

侗族生活地区崇山峻岭、溪流纵横，村寨往往依山而建，或者立在河畔的"小坝子"上，这样的选址侗族人称为"坐龙嘴"。一族或几族以鼓楼为中心共居在一起，呈现组团式的布局。有的村寨有多个鼓楼，沿河流或山坡，呈带状延伸。

（4）环境特征的识别。

侗族聚居区地处云贵高原向华南丘陵过渡地带，平均海拔在 500 米到 1000 米之间，地势由西北向东南倾斜。区域内以丘陵、低中山、盆地、谷地为主，江河众多，主要属于长江水系和珠江水系，径流资源丰富，属中亚热带季风湿润气候，森林茂密，树种繁多，尤其盛产杉树。侗族以水稻耕作和人工营林业为主要生计，因此侗族传统村落大多坐落于盆地平坝、山麓河谷，或山泉水源充足的缓坡台地、山腰隘口。[182]因此，侗族传统村落的典型环境特点是杉山溪田。

（5）文化特征的识别。

在侗族的民间信仰中，萨崇拜最为重要，萨也称萨岁，是侗族的大祖母或始祖母、最高保护神。一般以团寨为单位（或几个团寨联合）进行祭祀，祭祀时间最普遍的是正月，有的在春季或秋季也进行，还有根据特殊情况的临时大祭。祭萨活动的核心场所是萨坛，其外形最普通的是用土石垒成圆形土堆，也有用卵石砌成圆锥体，还有的用一独立石竖于地上。坛边栽有野葡萄藤，顶上栽种一棵黄杨树，或在顶上置一把半开的伞。圆形土堆中间的圆洞里填埋了大量物品，一般包括一节木头雕成的女人头像（佩戴头饰，身着衣裙）和一些日常生活用品，如火钳、碗、筷、锅、稻谷、鸡蛋、盐、茶叶、鞋袜、刀剑和纺织用具等。[208]在侗族的民俗活动中，侗歌是最为重要的。侗族自古就有"饭养身，歌养心"之说，歌被当作精神食粮，更是医治心灵的良药。唱歌是人生在世的基本条件，"年长的教歌，年轻的唱歌，年幼的学歌"是侗族社会的传统风尚。所有的民俗活动中，都规定有相应的民歌来演唱。有酒歌、迎宾送客拦路歌、开路歌等。侗族大歌为无指挥、无器乐伴奏的多声部合唱。

上述侗族传统村落景观要素的基因分析可归纳如表 3.10 所示。

表 3.10 侗族传统村落景观要素的基因分析

景观要素	景观要素基因分析
吊脚楼	平面呈方形或长条形；通常为三层；屋基、柱础为石料，其他地方为木材；中轴线上主要布局火塘、厅和堂屋等；地层为牲畜棚、杂物间，楼层（三层）主要是贮藏室，中间（二层）为住层（卧室）
鼓楼	三、五、七层；一般三到十七层不等，多为单数；有塔式和阁式两种；由4根主柱、12根大柱的全木构筑
围鼓楼布局	村寨依山傍水而建，成族以鼓楼为中心聚居，呈现组团式或带状布局
杉山溪田	村落多坐落于盆地平坝、山麓河谷，或山泉水源充足的缓坡台地、山腰隘口，河流两侧是农田，山上遍植杉树林
萨坛	萨岁是侗族最高保护神，祭祀以团寨为单位，主要在正月进行。萨坛多用土石垒成圆形土堆，或用卵石砌成圆锥体，坛顶栽种一棵黄杨树，旁边栽有野葡萄藤，或在坛顶放置一把半开的伞。圆形土堆中间的圆洞里填埋木雕女人头像和锅、碗、筷、火钳、稻谷、鸡蛋、茶叶、盐、鞋袜、纺织用具和刀剑等生活用品等

3.3.3 侗族传统村落景观的基因识别确认

根据前述侗族传统村落景观要素的基因分析结果，运用唯一性（外在唯一性、内在唯一性、局部唯一性）和总体优势性原则进行确认。侗族传统村落的鼓楼在外在景观上非常独特，其他传统村落没有这种景观，符合外在唯一性原则；很多民族的坟茔虽然类似萨坛的外在景观，但是萨坛是侗族祖先崇拜和民族英雄崇拜的合一体，内在成因上有其独特性，符合内在唯一性原则；聚族而居是我国少数民族聚落布局的共同特点，侗族也是一个房族围绕一个鼓楼居住，但是一个侗族村寨往往有好几个房族，形成多个围绕鼓楼居住的景观，场面特别壮观，符合总体优势性原则；山区村落选址一般都有依山傍水的特点，也特别注重保护村落周边的山水环境，但是侗族传统村落除此之外，还在风水林之外种植大片的杉树林，这是其他传统村落所没有的，符合局部唯一性原则。

另外，研究者还运用观察访谈法对上述研究结果进行验证。首先根据便利法则对衡阳师范学院的 5 名侗族本科学生进行了无结构式访谈，然后于 2013 年 4 月 10—15 日在通道县芋头村、黎平县肇兴村和三江县高定村进行了预调研，采取参与式观察和集体访谈。从访谈结果来看，鼓楼、萨坛、围鼓楼布局、杉山溪田等得到村民们广泛认同。因此，将其确定为侗族传统村落的景观基因。

3.4 侗族传统村落景观基因的空间差异

3.4.1 侗族传统村落鼓楼景观基因的空间差异

（1）鼓楼的类型。

通过对侗族传统村落鼓楼的相关文献研究，结合实地调查，我们认为侗族传统村落的鼓楼可以分为梁型、穿型、非中心柱型和中心柱型。梁型与穿型鼓楼都是抬梁穿斗混合式鼓楼，其区别在于穿梁上以瓜柱支撑梁架的为梁型，穿梁上以瓜柱承檩的为穿型。非中心柱型和中心柱型鼓楼都是穿斗式鼓楼，其区别在于鼓楼平面形状与底部中心是否有中心柱，平面呈正多边形且有中心柱的为中心柱型鼓楼。[198]

（2）鼓楼的空间差异。

通过对侗族传统村落鼓楼的相关文献研究，结合实地调查，我们发现北部侗族聚居区以建造形式简单的凉亭（穿型）鼓楼居多；南部聚居区的鼓楼则较为复杂多样，如黎平、从江、榕江等地中心柱型鼓楼较为普遍，三江、龙胜等地非中心柱型鼓楼较为普遍，镇远、通道等地则梁型鼓楼较为普遍（图 3.29）。

图 3.29 侗族传统村落鼓楼景观基因空间分布

3.4.2 侗族传统村落萨坛景观基因的空间差异

(1) 萨坛的类型。

通过对侗族传统村落萨坛的相关文献研究,结合实地调查,我们认为侗族传统村落的萨坛可以分为房屋型和露天型。房屋型萨坛一般用木桩支撑为搭棚,坛边栽藤蔓或黄杨树作为坛的遮蔽物。露天型则一般用片石和土垒成圆形堆,有的在坛顶上放一石墩或盖一块青石板。[203]

(2) 萨坛的空间差异。

相对于鼓楼而言,萨神的宗教精神象征作用比较突出,北部侗族聚居区经历与汉族长期的政治、文化、经济的融合，祭萨活动已经融入傩文化之中，物质实体性的萨坛基本消失了。侗族传统村落萨坛主要保存在南部侗族聚居区，且年代越久远的村寨房屋型萨坛较多，如黎平、从江、通道等地房屋型萨坛较多，三江、龙胜等地则露天型萨坛居多（图3.30）。

广西三江高友萨坛　　　　　　　湖南通道芋头萨坛

图3.30　侗族传统村落萨坛

3.4.3　侗族传统村落杉山溪田景观基因的空间差异

（1）杉山溪田的类型。

通过前述侗族传统村落的景观基因的识别，我们知道侗族聚居区以中低山盆地地形为主，盛产杉树，溪河众多，遍植水稻，此即杉山溪田环境。[242] 随着侗族与汉族长期的政治、文化、经济的融合，侗族传统村落的杉山溪田环境也有一定程度的变化，可以分为溪田缺失型、杉林缺失型和环境完整型三种类型。溪田缺失型指侗族传统村落内没有小溪、农田或者距离很远的地方才有小溪，主要种植旱生作物；杉林缺失型指侗族传统村落内没有种植杉树或者杉树很少种植了，主要种植其他树木。

（2）杉山溪田的空间差异。

杉山溪田是侗族传统村落典型的环境特征，随着侗族与汉族长期的政治、文化、经济的融合，侗族传统村落的杉山溪田环境也有一定程度的变化。这个汉化过程也有快慢过程，其中，由于侗族聚居区的地形特点和汉族人口迁移的过程，使侗族聚居区的北部地区，潕阳河、清水江联通长江，受到汉化的进行较快，而处于南部侗族地区的都柳江、融江联通珠江水系，相比较长江水系，汉化的进程较慢。而处于这两条水系中间部位的地区由于地形复杂，交通不便，则汉化进程更慢。侗族北部聚居区的镇远、玉屏、新晃、三穗、天柱、锦屏、剑河等汉化进程较快的河流和铁路沿线地区，城镇化进程较快，杉树林已经几乎无法看见，属于杉林缺失型。距离侗族聚居区长江水系和珠江水系较远的南部侗族地区（黎平、榕江、从江、三江、通道、龙胜）传统村落是溪田缺失型的主要分布区域；贵州黎平、从江，湖南通道，广西三江等地汉化进程较慢，一向盛产杉树，特别是都柳江和榕江沿岸地区是环境完整型的主要分布区域（表3.11）。

表 3.11 侗族传统村落杉山溪田环境类型及其空间分布情况

环境类型	主要分布区域	传统村落
环境完整型	贵州黎平、从江，湖南通道，广西三江等都柳江和榕江沿岸地区	通道县坪坦乡坪坦村、皇都村，双江镇芋头村； 三江县丹洲镇丹洲村，林溪乡高友村、平岩村 黎平县口江乡银朝村，双江乡黄岗村、四寨村，岩洞镇述洞村、岩洞村、宰拱村、竹坪村，永从乡豆洞村、九龙村、中罗村、额洞村、寨南村、汉寨，肇兴乡中寨村、纪堂村、上寨村、堂安村、肇兴村、上寨村、岩洞镇大寨村、小寨村，水口镇东郎村、南江村、茨洞村； 从江县往洞乡增冲村、则里村，高增乡岜扒村、小黄村，谷坪乡银潭村，下江镇高仟村、巨洞村
溪田缺失型	距离侗族聚居区长江水系和珠江水系较远的黎平、榕江、从江、三江、通道、龙胜等南部侗族地区	黎平县德顺乡平甫村，地坪乡岑扣村，尚重镇育洞村、顿路村、旧洞村、上洋村、西迷村、洋卫村，雷洞乡牙双村，龙额乡上地坪村，大稼乡高仔村，德化乡高洋村、下洋村，水口镇平善村，孟彦镇岑湖村，坝寨乡蝉寨村、高场村、高兴村、青寨村、高西村、器寨村，九潮镇高寅村、贡寨村、各洞村、高维村、定八村、大溶村新寨、顺寨村，茅贡乡蚕洞村、冲寨、登岑村、地扪村、高近村、流芳村、寨头村； 从江县丙妹镇岜沙村，往洞镇朝利村、增盈村，刚边乡三联村； 榕江县栽麻乡大利村、宰荡村、苗兰村，寨蒿镇票寨村

续表 3.11

环境类型	主要分布区域	传统村落
杉林缺失型	侗族北部聚居区的镇远、玉屏、新晃、三穗、天柱、锦屏、剑河等河流和铁路沿线地区	台江县排羊乡大塘村,台盘乡空寨村、南瓦村,革一乡江边村,老屯乡白土村; 铜仁市万山区黄道乡瓦寨村、敖寨乡石头寨,碧江区坝黄镇宋家坝村塘边古树园、瓦屋侗族乡克兰寨村; 玉屏县新店乡朝阳村、大湾村; 石阡县坪地场乡石榴坡村; 剑河县磻溪镇洞脚村、大广村、敏洞乡沟洞村、高坵村,柳川镇返排村,南加镇九旁村、柳基村,久仰乡毕下村; 黄平县重安镇塘都村; 施秉县双井镇龙塘村; 镇远县报京乡报京村; 三江县独峒乡高定村; 会同县高椅乡高椅村; 绥宁县黄桑坪乡上堡村; 城步县长安营乡大寨村; 锦屏县彦洞乡瑶白村

3.4.4 侗族传统村落景观基因空间结构的空间差异

(1) 景观基因空间结构的类型。

通过上述方法,可以确定侗族传统村落的景观基因为鼓楼、萨坛、围鼓楼布局和杉山溪田,那么这些景观基因在空间平面上作什么样的排列呢? 经过归纳发现,侗族村落一般坐落在山间平坝或者山坡上,局部地形的起伏会影响聚居的规模,从而可以将村落布局结构分为组团状和条带状两种。因此,可将侗族传统村落景观基因的空间结构归纳为平坝条带型、平坝组团型、山坡条带型、山坡组团型四种类型。

平坝组团型和平坝条带型景观基因空间结构的共同点是: 村落都坐落在山间平坝上,山上种植杉树林,内部有一条河流(或小溪)穿过,小溪的两侧是农田,农田与杉树林之间是民居,民居的中央是鼓楼,小溪流出村口的河流上架风雨桥,小溪的上游靠近民居处是萨坛。区别在于: 如果处在平坝山凹处，因地形局促，只能布局成组团状，一般规模较小，两三个鼓楼，如图3.31a；如果处于狭长的平坝上，则会沿着河谷延伸成带状，一般规模较大，达四个鼓楼以上，如图3.31b。

山坡组团型和山坡条带型景观基因空间结构的共同点是：村落都坐落在山坡上，山上种植杉树林，一般距离河流（或小溪）较远，农田在山脚，农田与杉树林之间是民居，民居的中央是鼓楼，民居靠近杉树林处是萨坛。区别在于：如果山坡坡度较大，民居只能布局在山间台地上，单个鼓楼中心布局明显，一般规模较小，两三个鼓楼，如图3.31c；如果处于坡度较缓的山地，则会沿着山麓河谷一侧延伸成带状，一般规模较大，达四个鼓楼以上，如图3.31d。

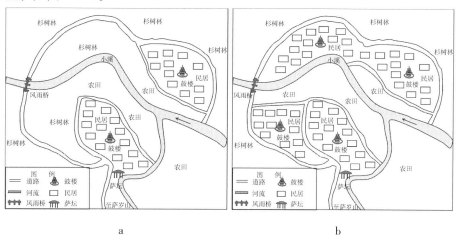

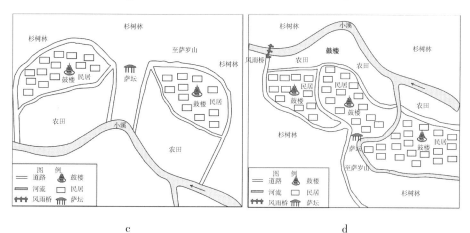

图3.31 侗族传统村落景观基因空间结构

（2）景观基因空间结构的空间差异。

侗族传统村落景观基因的空间结构受地形的影响较大，侗族聚落区地势呈西北向东南倾斜，以丘陵、低中山、盆地、谷地为主，境内主要河流有舞阳河、都柳江、清水江三条，支流主要有巫水、渠水、双江河、平坦河、平等河、林溪河、苗江河、融江、四寨河、寨蒿河。这些主要河流沿岸的河谷地主要分布河谷条带型景观基因空间结构，沿岸山坡地主要分布山坡条带型景观基因空间结构，主要支流沿岸平坝山凹处河谷组团型景观基因空间结构分布较多，其他地方主要为山坡组团型景观基因空间结构分布。

第4章 侗族传统村落景观基因的感知与地方认同

4.1 侗族传统村落景观基因的感知与地方认同分析

4.1.1 景观基因的感知与地方认同维度分析

（1）景观基因的感知维度分析。

根据前述关于景观基因的分析和目前关于景观的研究进展，我们认为，侗族传统村落景观基因的感知应该从景观基因的物质形态、功能作用和文化意义三个维度展开。其中，物质形态应该包括颜色（或组成）、形状、层数（或范围）和图案（图形），功能作用包括原初功能、附加功能和现代功能，文化意义包括吉祥寓意、符号象征和生态和谐（表4.1）。

表4.1 侗族传统村落景观基因感知维度

景观基因	感知维度		
	物质形态	功能作用	文化意义
鼓楼	颜色、形状、层数、图案	原初、附加、现代	吉祥、象征、生态
萨坛	颜色、形状、层数、图案	原初、附加、现代	吉祥、象征、生态
围鼓楼布局	组成、形状、范围、图形	原初、附加、现代	吉祥、象征、生态
杉山溪田	组成、形状、范围、图形	原初、附加、现代	吉祥、象征、生态

（2）地方认同的维度分析。

关于地方认同的研究成果认为，地方认同包括认知认同、情感认同、意向认同三个过程。结合前述关于侗族传统村落景观基因的分析结果，我们认为，侗族传统村落景观基因的地方认同应该从景观基因的景观认知认同、情感依恋认同和行为意向认同三个维度展开。其中，景观认知认同维度可以设计某某景观基因是侗族村寨的独特景观、某某景观基因是侗族村寨的重要景观、某某景观基因是侗族村寨的一般景观这三个问题，情感依恋认同维度可以设计在某某景观基因内活动有愉悦感、看见某某景观基因有回家感、知道某某景观基因申报世界遗产了有自豪感这三个问题，行为意向认同维度可以设计每月去某某景观基因内活动的次数、愿意向外人推荐某某景观基因的意愿、愿意出资维修某某景观基因的意愿这三个问题（表4.2）。

表4.2 侗族传统村落景观基因地方认同维度

景观基因	地方认同维度								
	认知认同			情感认同			意向认同		
鼓楼	侗寨独特景观	侗寨重要景观	侗寨一般景观	活动时有愉悦感	看见了有回家感	申遗了有自豪感	月活动次数	向人推荐意愿	出资维修意愿
萨坛	侗寨独特景观	侗寨重要景观	侗寨一般景观	活动时有愉悦感	看见了有回家感	申遗了有自豪感	月活动次数	向人推荐意愿	出资维修意愿
围鼓楼布局	侗寨独特景观	侗寨重要景观	侗寨一般景观	活动时有愉悦感	看见了有回家感	申遗了有自豪感	月活动次数	向人推荐意愿	出资维修意愿
杉山溪田	侗寨独特景观	侗寨重要景观	侗寨一般景观	活动时有愉悦感	看见了有回家感	申遗了有自豪感	月活动次数	向人推荐意愿	出资维修意愿

4.1.2 景观基因的感知与地方认同调查分析

（1）景观基因感知的问卷调查。

为了获取侗族传统村落景观基因的居民感知结果，研究采取问卷调查的方式进行。调查问卷包括侗族传统村落景观基因感知测量量表和居民属性特征两个方面的内容。村落景观基因感知测量量表采用李克特5分制量表，以"5"表示"非常清楚"，"4"表示"比较清楚"，"3"表示"清楚"，"2"表示"不清楚"，"1"表示"很不清楚"。调查小组一行5人于2013年8月20—29日、2014年7月12—20日、2016年7月28日—8月15日先后在湖南通道县芋头村、贵州黎平县肇兴村、广西三江县高定村对村落居民展开随机抽样问卷调查。整个问卷填写在调查者指导下完成；对于年龄大和受教育程度不高的被调查者，采取询问后由调查者填写的方式完成。共发放问卷520份，回收512份；回收整理后获得有效问卷498份，有效率95.77%。

（2）景观基因地方认同的访谈调查。

为了获取侗族传统村落景观基因的居民地方认同和村落发展的情况，研究采取访谈的方式进行。访谈内容包括侗族传统村落景观基因地方认同的测量语句和村落发展情况两个方面的内容。村落景观基因的地方认同测量语句采取陈述句式，运用李克特5分制量表，以"5"表示"非常同意"，"4"表示"比较同意"，"3"表示"同意"，"2"表示"不同意"，"1"表示"很不同意"。调查小组对案例地典型代表进行集体访谈或单独访谈，整个访谈过程在侗族学生的帮助下完成，对于年龄大和受教育程度不高的访谈对象采用侗语进行并录音，访谈结束后进行翻译和整理。共获得访谈记录240多条，录音材料60多条。

（3）景观基因感知与地方认同的补充调查。

调查小组的前面三次调查（2013年8月20—29日、2014年7月12—20日、2016年7月28日—8月15日）集中在暑假，由于案例地外出务工人员较多，年轻人的样本获得较少。为此，调查小组特意在2016年2月2—9日和2017年2月8—16日赴以上三个案例地进行补充调查，共获得年龄在18～35岁的问卷样本240份，访谈记录54条，录音材料31份，照片120多张。

4.1.3 景观基因的感知与地方认同统计分析

（1）景观基因的感知得分模型构建。

为了便于对侗族传统村落景观基因的居民感知进行量化研究，在前述李克特5分制量表的基础上，作者构建了景观基因及其要素感知得分值模型[3]。其公式如下：

村落景观基因感知得分值模型：$M_{i感} = \dfrac{\sum\limits_{i=1}^{m}\sum\limits_{j=1}^{n}A_{ij}}{S}$；

村落景观基因要素感知得分值模型：$M_{j感} = \dfrac{\sum\limits_{i=1}^{m}\sum\limits_{j=1}^{n}A_{ij}}{N}$；

式中：$M_{i感}$为第i个聚落景观基因的感知得分值；$M_{j感}$为第j个聚落景观基

因要素的感知得分值；A_{ij} 为第 i 个景观基因第 j 个要素的感知得分；$m=9$；$n=4$；$i=1,2,3,\cdots,m$；$j=1,2,3,\cdots,n$；S 为样本数；N 为景观基因总数。

（2）地方认同的得分模型构建。

为了便于对侗族传统村落景观基因的地方认同进行量化研究，在前述李克特 5 分制量表的基础上，作者构建了村落景观基因地方认同得分值模型[3]。其公式如下：

$$M_{i认} = \frac{\sum_{i=1}^{m}\sum_{j=1}^{n} A_{ij}}{S}$$

式中：$M_{i认}$ 为第 i 个聚落景观基因的认同得分值；A_{ij} 为第 i 个景观基因第 j 个要素的认同得分；$m=9$；$n=4$；$i=1,2,3,\cdots,m$；$j=1,2,3,\cdots,n$；S 为样本数。

（3）景观基因感知与地方认同的样本统计。

从样本统计结果可知，被访者男女比例较均衡，本地出生居多，中老年为主，主要职业为务农和兼业，学历层次不高，绝大多数都在村寨居住 20 年以上，对村寨都很熟悉（表 4.3）。

表 4.3　样本基本情况

项目		所占比重/%	项目		所占比重/%
年龄	18 岁以下	2	居住时间	5 年及以下	19
	18～29 岁	9		6～20 年	5
	30～44 岁	33		21～40 年	28
	45～59 岁	35		41～60 年	29
	60 岁以上	21		60 年以上	19
出生地	本地	92	性别	男	49
	外地	8		女	51

续表 4.3

项　目		所占比重/%	项　目		所占比重/%
文化程度	无	14	职业	务农	51
	小学	36		兼业	16
	初中	38		务工	27
	高中	12		自主经营	3
	大专	0		学生	3
月收入	1000 元以下	33	所在村落	芋头村	37
	1001～2000 元	34		高定村	30
	2001～3000 元	17		肇兴村	33
	3001～4000 元	12	居民类型	常年在家	33
	4000 元以上	4		附近兼业	16
				常年在外	51

4.2　侗族传统村落景观基因感知与地方认同总体特征

4.2.1　景观基因整体的感知与地方认同特征

（1）鼓楼的感知度最高，杉山溪田的感知度最低

从图 4.1 和表 4.4 可以看出，居民对侗族传统村落景观基因的整体感知中，鼓楼的得分值最高（3.78），其次为萨坛（3.75）和围鼓楼布局（3.44），最低为杉山溪田（仅 3.30）。这与鼓楼的位置和功能有关。由于鼓楼位于居民区的中央位置，是侗寨的娱乐与社交中心，居民经常去鼓楼玩。在家的老年人基本上天天去，年轻人回寨子后首先要去鼓楼转转。

> 更喜欢鼓楼一点，冬天去那里下棋，跟老人聊天。寨门只是经过。风雨桥夏天才去乘凉。
>
> ——访谈对象 6

每次从外面回来，都要去鼓楼转转，跟别人聊聊天，跟老人们打打

招呼，跟年轻人交流一下务工的信息。

——访谈对象 7

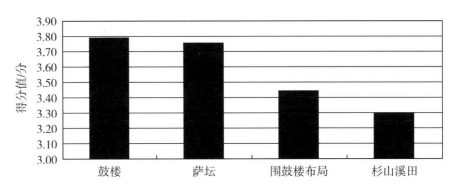

图 4.1　侗族传统村落景观基因的整体感知

表 4.4　传统村落景观基因的感知差异

景观基因感知		村落	鼓楼	萨坛	围鼓楼布局	杉山溪田	总分值	平均值	标准差
总体		总体	3.78	3.75	3.44	3.30	14.27	3.57	0.204
		芋头	4.02	3.82	3.55	3.69	15.08	3.77	0.173
		肇兴	3.95	3.70	3.27	3.31	14.23	3.56	0.282
		高定	3.95	3.75	3.44	3.30	14.44	3.61	0.255
物质形态		总体	3.85	3.78	3.83	3.46	14.92	3.73	0.158
	颜色（形状）	总体	4.14	4.04	4.26	4.07	16.51	4.13	0.085
		芋头	4.20	3.97	4.54	4.63	17.34	4.34	0.265
		肇兴	4.31	4.31	4.44	4.41	17.47	4.37	0.058
		高定	3.93	3.85	3.89	3.43	15.10	3.78	0.201
	大小（范围）	总体	3.78	3.62	3.32	2.80	13.52	3.38	0.373
		芋头	4.46	4.17	3.11	3.17	14.91	3.73	0.597
		肇兴	4.66	4.06	3.16	3.06	14.94	3.74	0.661
		高定	2.76	2.93	3.48	2.35	11.52	2.88	0.406

续表 4.4

景观基因感知		村落	鼓楼	萨坛	围鼓楼布局	杉山溪田	总分值	平均值	标准差
物质形态	形状	总体	3.63	3.68	3.90	3.52	14.73	3.68	0.138
		芋头	4.09	3.71	3.57	3.51	14.88	3.72	0.226
		肇兴	4.19	4.16	3.84	3.94	16.13	4.03	0.147
		高定	2.93	3.30	4.07	3.20	13.50	3.38	0.423
功能作用	总体		3.85	3.64	3.19	3.24	13.92	3.48	0.276
	原初	总体	3.51	4.33	3.13	3.70	14.67	3.67	0.434
		芋头	3.46	4.14	3.06	4.40	15.06	3.77	0.532
		肇兴	3.47	4.34	2.53	3.47	13.81	3.45	0.640
		高定	3.50	4.35	3.46	3.31	14.62	3.66	0.407
	附加	总体	3.85	3.52	3.58	2.90	13.85	3.46	0.348
		芋头	4.54	3.31	3.60	3.17	14.62	3.66	0.534
		肇兴	4.31	3.19	3.78	2.47	13.75	3.44	0.685
		高定	3.93	3.78	3.37	2.93	14.01	3.50	0.389
	现代	总体	4.30	3.07	2.88	3.11	13.36	3.34	0.561
		芋头	4.14	3.26	3.37	3.43	14.20	3.55	0.346
		肇兴	4.03	2.38	2.28	3.00	11.69	2.92	0.696
		高定	4.48	3.30	2.87	2.91	13.56	3.39	0.651
文化意义	总体		3.65	3.83	3.31	3.21	14.00	3.50	0.251
	图腾	总体	3.17	3.98	3.31	3.14	13.60	3.40	0.341
		芋头	3.34	4.11	3.74	3.43	14.62	3.66	0.302
		肇兴	2.81	4.31	2.97	2.94	13.03	3.26	0.611
		高定	3.20	3.63	3.17	3.05	13.05	3.26	0.219
	吉祥	总体	4.08	3.54	3.34	2.93	13.89	3.47	0.414
		芋头	4.06	3.37	2.97	3.06	13.46	3.37	0.428
		肇兴	4.16	2.56	3.47	2.56	12.75	3.19	0.673
		高定	3.96	4.17	3.44	3.02	14.59	3.65	0.449

续表 4.4

景观基因感知		村落	鼓楼	萨坛	围鼓楼布局	杉山溪田	总分值	平均值	标准差
文化意义	生态	总体	3.72	3.97	3.28	3.57	14.54	3.64	0.250
		芋头	3.86	4.31	3.97	3.43	15.57	3.89	0.314
		肇兴	3.66	4.00	2.94	3.94	14.54	3.64	0.421
		高定	3.59	3.65	2.96	2.72	12.92	3.23	0.400

（2）鼓楼的地方认同度较高，围鼓楼布局和杉山溪田的地方认同度较低。

从图 4.2 和表 4.5 可以看出，居民对侗族传统村落景观基因的地方认同中，鼓楼的认同度最高（4.03），其次为萨坛（3.69），围鼓楼布局（3.20）和杉山溪田（3.20）较低。这与鼓楼的功能有关，它是居民最常去的地方，夏日纳凉，冬日取暖，虽然已经渐渐丧失以往家族集会、议事的功能，但实用意义仍然很大，提高了居民的生活质量，故其认同度最高。[3] 萨崇拜是侗族最重要的民间信仰，黎平、榕江、龙胜、三江、通道等地侗寨都建有萨坛，并处于侗寨中心位置，是侗族文化中核心的景观，承载着祭祀、崇拜的功能，至今全族人仍会定期祭拜，离乡求学、打工临行前也都要祭拜萨以求平安，所以萨坛的崇高地位得以延续。[3] 围鼓楼布局和杉山溪田环境也能够得到居民的认同，只是他们对于这样的布局和环境已经习以为常。

现在是上面拨款修，不需要我们出钱，也不太愿意参与。原来栏杆坏了，不安全，都会自己去修，要到哪家砍树，那随便都可以的。

——访谈对象 9

以前编织侗布是侗族人的重要代表，现在不是了。鼓楼是重要的侗族遗产，石板路要铺好一点才好，铺的不好的话，走路时小孩子和老人容易绊倒。

——访谈对象 12

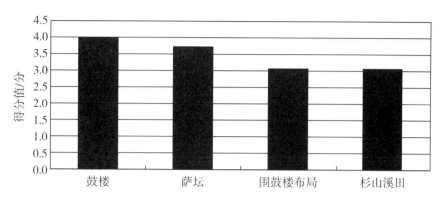

图4.2 侗族传统村落景观基因的整体地方认同度

表4.5 传统村落景观基因的地方认同差异

景观基因地方认同		村落	鼓楼	萨坛	围鼓楼布局	杉山溪田	总分值	平均值	标准差
总体		总体	4.03	3.69	3.20	3.20	14.12	3.53	0.351
		芋头	4.15	3.68	3.31	3.37	14.51	3.63	0.333
		肇兴	3.94	3.56	3.10	3.22	13.82	3.46	0.327
		高定	3.92	3.72	3.12	3.01	13.77	3.44	0.386
认知认同	总体		4.04	3.81	3.17	3.18	14.2	3.55	0.384
	独特性	总体	4.28	3.74	2.79	2.77	13.58	3.40	0.644
		芋头	4.31	3.49	2.69	2.66	13.15	3.29	0.678
		肇兴	4.31	3.47	3.19	3.28	14.25	3.56	0.443
		高定	4.17	4.00	2.57	2.48	13.22	3.31	0.783
	代表性	总体	4.01	4.00	2.95	3.00	13.96	3.49	0.515
		芋头	3.97	4.09	2.91	2.91	13.88	3.47	0.562
		肇兴	4.00	4.09	2.94	3.06	14.09	3.52	0.525
		高定	3.96	3.81	2.93	2.96	13.66	3.42	0.473

续表4.5

景观基因 地方认同		村落	鼓楼	萨坛	围鼓楼布局	杉山溪田	总分值	平均值	标准差
认知认同	组成性	总体	3.83	3.70	3.76	3.78	15.07	3.77	0.047
		芋头	3.94	3.83	3.97	4.14	15.88	3.97	0.111
		肇兴	3.97	3.78	3.31	3.34	14.4	3.60	0.283
		高定	3.61	3.50	3.81	3.72	14.64	3.66	0.116
情感认同	总体		4.18	3.67	3.16	3.19	14.2	3.55	0.416
	愉悦感	总体	4.41	3.93	3.31	3.44	15.09	3.77	0.435
		芋头	4.66	4.34	3.60	3.83	16.43	4.11	0.416
		肇兴	4.38	4.03	3.19	3.34	14.94	3.74	0.489
		高定	4.19	3.54	3.13	3.19	14.05	3.51	0.421
	归属感	总体	4.26	3.63	3.20	3.14	14.23	3.56	0.447
		芋头	4.23	3.26	3.14	3.11	13.74	3.44	0.462
		肇兴	4.31	3.38	3.00	3.13	13.82	3.46	0.512
		高定	4.17	3.94	3.30	3.11	14.52	3.63	0.438
	自豪感	总体	3.88	3.45	2.96	2.98	13.27	3.32	0.379
		芋头	4.00	3.40	3.11	3.11	13.62	3.41	0.363
		肇兴	4.06	3.34	3.00	3.13	13.53	3.38	0.410
		高定	3.61	3.48	2.78	2.74	12.61	3.15	0.395
意向认同	总体		3.86	3.60	3.27	3.22	13.95	3.49	0.260
	活动意愿	总体	4.13	3.46	3.32	3.49	14.4	3.60	0.313
		芋头	4.37	3.23	3.06	3.51	14.17	3.54	0.504
		肇兴	3.50	3.13	3.25	3.75	13.63	3.41	0.239
		高定	4.26	3.74	3.46	3.26	14.72	3.68	0.376
	推荐意愿	总体	3.87	3.28	3.19	2.98	13.32	3.33	0.330
		芋头	4.03	3.03	3.37	3.17	13.6	3.40	0.383
		肇兴	3.78	2.81	3.03	3.00	12.62	3.16	0.371
		高定	3.74	3.67	3.11	2.80	13.32	3.33	0.391

续表4.5

景观基因地方认同		村落	鼓楼	萨坛	围鼓楼布局	杉山溪田	总分值	平均值	标准差
意向认同	保护意愿	总体	3.79	4.06	3.31	3.18	14.34	3.59	0.356
		芋头	3.86	4.43	3.97	3.91	16.17	4.04	0.227
		肇兴	3.81	4.00	3.00	2.94	13.75	3.44	0.473
		高定	3.67	3.78	3.00	2.80	13.25	3.31	0.420

4.2.2 景观基因维度的感知与地方认同特征

（1）物质形态的感知较高，文化意义和功能作用的感知较弱。

从表4.4和图4.3可以看出，居民对侗族传统村落景观基因的维度感知中，物质形态的得分值较高（3.73），文化意义（3.50）稍高于功能作用（仅3.48），后二者都比较弱。这与感知的层次有关，物质形态属于初级层次，而功能作用和文化意义都属于理解层次。

> 鼓楼啊，十多二十米高，像宝塔，在这里聊天、下棋，放置一根木棍在里面可以消除灾难。
>
> ——访谈对象8
>
> 这里的颜色比较单一，一般都是自己烧出来的瓦，深蓝色的，过几年就变成黑色。木材一般都是本色，现在的人比较讲究，会上一点清漆，或者桐油。
>
> ——访谈对象10

（2）认知认同度和情感认同度较高，意向认同度最低。

从表4.5和图4.4可以看出，居民对侗族传统村落景观基因的地方认同维度中，认知认同度和情感认同度得分值较高（3.55），意向认同度较低（3.49）。这与侗族村民朴实的民风有关系。游客来了他们很高兴，但主动向外人介绍自己家乡的较少；随着国家重视文物修缮，现在鼓楼等的维修资金由政府拨款，维修活动一般由工匠完成，居民参与变少了。

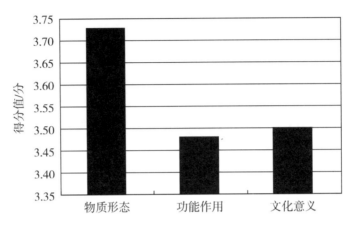

图 4.3　侗族传统村落景观基因的维度感知

现状汉化比较严重。喜欢讲侗话多一些，也愿意教别人讲侗话。会讲侗话是侗族人的代表。有钱了还是愿意住在侗寨里。

——访谈对象 15

鼓楼是重要的侗族遗产，愿意待在自己长期待的地方，你们也是一样的。维修鼓楼的话要看自己有没有钱，多少都出一点。

——访谈对象 17

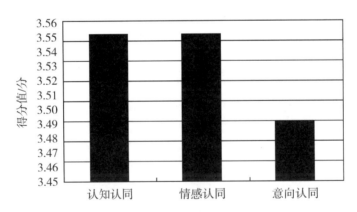

图 4.4　侗族传统村落景观基因的地方认同

4.2.3 景观基因要素的感知与地方认同特征

(1) 颜色、原初功能、生态意义的感知度较高,形状、现代功能、图腾意义的感知度较低。

从图4.5可以看出,居民对侗族传统村落景观基因的要素感知中,颜色(4.13)、原初功能(3.66)、生态意义(3.63)的得分值较高,形状(3.35)、现代功能(3.34)、图腾意义(3.40)的得分值较低。这反映了居民对景观基因的变化性感知较弱,颜色是物质形态的近距离感知结果,而原初功能和生态意义也都同样属于静态层次的感知。

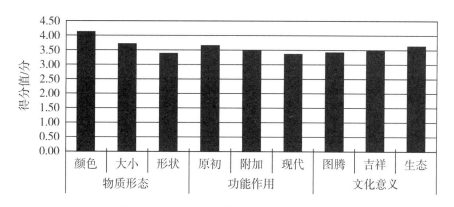

图4.5 侗族传统村落景观基因的要素感知

这里的颜色比较单一,一般都是自己烧出来的瓦,深蓝色的,过几年就变成黑色。房子一般都是本色,现在的人比较讲究,会上一点清漆,或者桐油。

——访谈对象10

鼓楼里雕刻动物、花草,有些象征的寓意,我们不懂。一个寨子都围绕一个鼓楼,象征团结。我们这边就是重视风水,山上种杉、松树;随便哪个村都有水田,山里面的那些人家。离这里几十里的人见面了也要打招呼。

——访谈对象11

(2) 组成性、愉悦感和活动意向的认同度较高,独特性、自豪感和推荐意愿的认同度较低。

从图 4.6 可以看出，居民对侗族传统村落景观基因的地方认同要素中，组成性（3.77）、愉悦感（3.77）、活动意向（3.60）的得分值较高，独特性（3.40）、自豪感（3.31）、推荐意愿（3.33）的得分值较低。这反映了居民对景观基因地方认同的朴实性。居民大多认可景观基因是侗族村寨的重要景观，反映出他们的保守性；对于侗族村寨申报了世界遗产，他们大多人比较高兴，但是不会主动去提及或是去向外人推介，只有从事旅游的经营者才会积极地去宣传。

游客来了以后主要是看鼓楼，肇兴有五座鼓楼，挺漂亮的。风雨桥也不错，那座风雨桥有 500 多年的历史了，那里还有被火烧的痕迹呢。如果搞一些像西江苗寨那样的节目就更好了。

——访谈对象 28

建鼓楼是为了有时候开会、聚会。就是这个颜色，用久了就变黑。有龙凤图案，还有葫芦，不知道象征什么。出去了看见鼓楼、吊脚楼就想家了。鼓楼内商议事情，指导打仗的时候敲钟。小孩子受伤了在鼓楼内挂一根树枝，祈求消灾。会跟游客推荐去鼓楼、风雨桥、吊脚楼看看。

——访谈对象 15

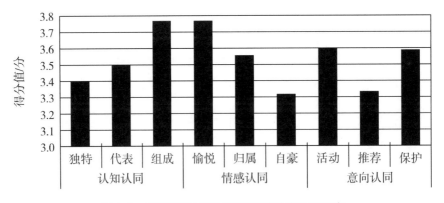

图 4.6　侗族传统村落景观基因的地方认同要素

4.3 侗族传统村落景观基因感知与地方认同的村落差异

4.3.1 景观基因整体感知与地方认同的村落差异

（1）景观基因整体感知度芋头村最高，肇兴村最低。

由表4.4可知，芋头村景观基因的整体感知度最高（15.08），肇兴村景观基因的整体感知度最低（14.23）。从图4.7可以看出，鼓楼感知度为芋头村（4.02）＞高定村（3.95）＝肇兴村（3.95），萨坛感知度为芋头村（3.82）＞高定村（3.75）＞肇兴村（3.70），围鼓楼布局感知度为芋头村（3.55）＞高定村（3.41）＞肇兴村（3.27），只有杉山溪田的感知度为芋头村（3.69）＞肇兴村（3.31）＞高定村（2.99）。这可能是因为芋头村聚居地的盆地面积小，居民活动的范围较小，景观基因感知相对比较清晰；肇兴村面积大，人口多，因而对景观基因的感知差异大；高定村海拔较高，大片杉树林距离居住地比较远，影响了居民的感知。

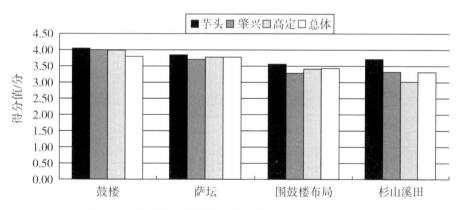

图4.7 侗族传统村落景观基因整体感知度的村落差异

（2）景观基因地方认同度芋头村最高，高定村最低。

由表4.5可知，芋头村景观基因的整体认同度最高（14.52），肇兴村景观基因的整体认同度最低（13.77）。从图4.8可以看出，鼓楼和杉山溪田的认同度为芋头村（4.15，3.37）＞肇兴村（3.94，3.22）＞高定村（3.92，3.01），萨坛认同度为高定村（3.72）＞芋头村（3.68）＞肇兴村

（3.56），围鼓楼布局认同度为芋头村（3.31）＞高定村（3.12）＞肇兴村（3.10）。芋头村鼓楼数量少，居民比较容易认同鼓楼和围鼓楼布局；另外，芋头村距离县城较近，附近兼业者多，更容易认识到杉山溪田的环境比城市好。高定村海拔较高，距离萨岁山较近，因此萨坛认同度比较高。

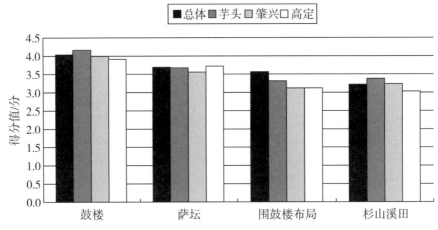

图 4.8　侗族传统村落景观基因地方认同度的村落差异

4.3.2　景观基因维度感知与地方认同的村落差异

（1）肇兴村物质形态维度感知度最高，芋头村功能作用和文化意义维度的感知度最高。

从图 4.9 可以看出，功能作用和文化意义的感知度为芋头村（3.66，3.72）＞高定村（3.50，3.38）＞肇兴村（3.27，3.36），物质形态的感知度为肇兴村（4.04）＞芋头村（3.93）＞高定村（3.34）。这可能与肇兴村旅游发展程度最高有关。当地政府将原来公司经营的旅游项目收归政府经营，为了获得长远的旅游收益，对鼓楼进行装饰和亮化，出台吊脚楼新建规定，免费培训学生唱侗歌，举办萨玛节活动，等等，这些举措强化了当地居民的物质形态感知。

（2）肇兴村认知认同度最高，芋头村情感和意向认同度最高。

从图 4.10 可以看出，认知认同度为肇兴村（3.75）＞高定村（3.46）＞芋头村（3.42），情感认同度为芋头村（3.65）＞肇兴村（3.52）＞高定村

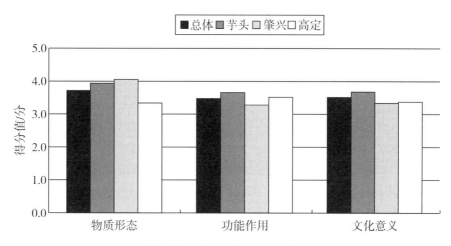

图4.9 侗族传统村落景观基因维度感知的村落差异

(3.43),意向认同度为芋头村(3.66) > 高定村(3.44) > 肇兴村(3.28)。芋头村规模较小,团寨数量少,容易形成统一的认同;肇兴村旅游发展带给居民的收益最多,经济收益强化了居民对景观基因的认知。

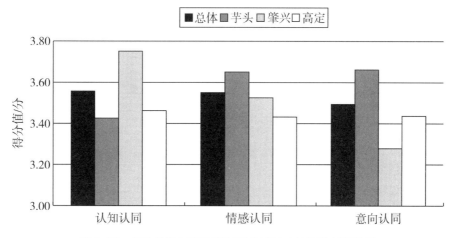

图4.10 侗族传统村落景观基因维度地方认同的村落差异

4.3.3 景观基因要素感知与地方认同的村落差异

(1) 肇兴村颜色、形状、大小要素感知度最高，芋头村原初、附加、现代功能及图腾、生态意义感知度最高。

从图 4.11 可以看出，颜色、形状、大小的感知度为肇兴村（4.37，4.13，3.64）＞芋头村（4.34，3.93，3.52）＞高定村（3.77，3.24，3.01），原初、附加、现代功能作用的感知度为芋头村（3.76，3.66，3.55）＞高定村（3.66，3.50，3.39）＞肇兴村（3.45，3.44，2.92），图腾和生态意义的感知度为芋头村（3.66，4.14）＞肇兴村（3.26，3.63）＞高定村（3.25，3.23），吉祥意义的感知度为高定村（3.64）＞芋头村（3.36）＞肇兴村（3.19）。

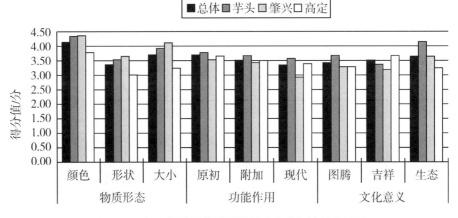

图 4.11 侗族传统村落景观基因要素感知的村落差异

(2) 肇兴村独特性、代表性要素认同度最高，芋头村自豪感、推荐意愿、保护意愿要素认同度最高。

从图 4.12 可以看出，愉悦感、自豪感和保护意愿的认同度为芋头村（4.11，3.41，4.04）＞肇兴村（3.73，3.38，3.44）＞高定村（3.51，3.15，3.31），组成性和推荐意愿的认同度为芋头村（3.97，3.40）＞高定村（3.66，3.33）＞肇兴村（3.60，3.16），代表性的认同度为肇兴村（3.52）＞芋头村（3.47）＞高定村（3.42），独特性的认同度为肇兴村（3.56）＞高定村（3.31）＞芋头村（3.29），归属性的认同度为高定村

(3.63) >肇兴村（3.45）>芋头村（3.44），活动次数的认同度为高定村（3.68）>芋头村（3.54）>肇兴村（3.41）。

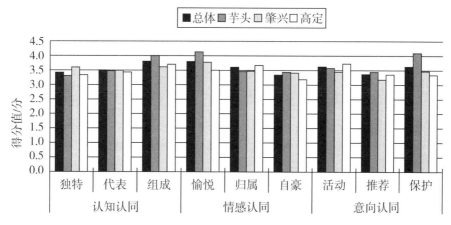

图 4.12 侗族传统村落景观基因要素地方认同的村落差异

4.4 侗族传统村落景观基因感知与地方认同的村域差异

侗族传统村落景观基因感知与地方认同的村域差异主要从景观基因尺度、本地居民之间、本地居民与外来经营者之间三个方面展开。

4.4.1 景观基因尺度的差异

（1）微观尺度景观基因感知度较高，宏观尺度景观基因感知度较低。

从图 4.13 可以看出，居民对不同尺度的侗族传统村落景观基因的感知中，微观尺度的感知度较高（鼓楼为 3.78，萨坛为 3.75），中观尺度的围鼓楼布局次之（3.44），宏观尺度的杉山溪田最低（仅 3.30），最高值与最低值相差 0.48 分。这与居民活动范围有很大的关系。大多数居民现在主要的活动场地是鼓楼，每年都要去萨坛祭祀；随着生产活动的变化，现在很少去杉树林了。

（2）微观尺度景观基因地方认同度较高，宏观尺度景观基因地方认同度较低。

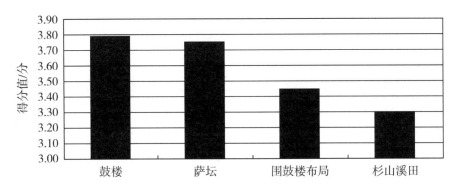

图 4.13　侗族传统村落景观基因尺度的感知

从图 4.14 可以看出，居民对不同尺度的侗族传统村落景观基因的地方认同中，微观尺度的地方认同度较高（鼓楼为 4.03，萨坛为 3.69），中观尺度的围鼓楼布局（3.20）和宏观尺度的杉山溪田较低（3.20），最高值与最低值相差 0.83 分。与景观基因的感知相比，景观基因地方认同的尺度差异更大。鼓楼的认同度较高与旅游开发和地方政府的形象构建有很大的关系。萨崇拜是侗族最重要的民间信仰，村民至今仍会定期祭拜，离乡求学、打工临行前也都要祭拜萨以求平安，因此萨坛的认同度也较高。过去围绕鼓楼住在一起的是一个斗，经常有寨老组织讲款活动，现在经济开放度提高了，这样的活动基本没有了，因此对围鼓楼布局的认同度也较低。

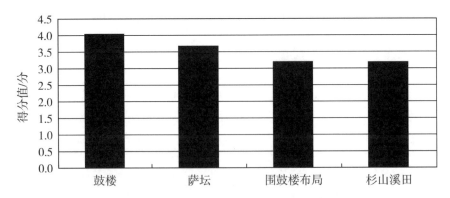

图 4.14　侗族传统村落景观基因尺度的地方认同

4.4.2 本地居民之间的差异

（1）常年在外者感知度最高，附近兼业者感知度最低。

侗族传统村落景观基因的感知中，常年在外者的感知度最高（15.58）中，其次为常年在家者（15.01），附近兼业者最低（14.79）。从图4.15可以看出，附近兼业者对围鼓楼布局的感知度最低（仅3.59）。附近兼业者多半为中年人，主要在附近的县城打工，上有老人下有小孩，家庭负担比较重。而鼓楼内办白喜事都会通知到他们，因为距离比较近，他们都要赶回来，因此耽误了很多事情，影响了他们的感知度。常年在外者对杉山溪田的感知度特别高（4.15）。这主要是因为常年在外者主要为年轻人，文化程度较高，在城市工作，紧张的住房与高密度的建筑环境使他们对家乡的环境产生强烈的感知。

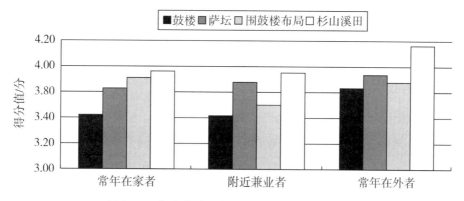

图4.15 侗族传统村落景观基因的本地居民感知

（2）常年在外者地方认同度最高，附近兼业者地方认同度最低。

侗族传统村落景观基因的感知中，常年在外者的认知度最高（10.75）中，其次为常年在家者（10.30），附近兼业者最低（9.89）。从图4.16可以看出，附近兼业者意向认同度最低（仅3.20），而常年在外者的情感认同度特别高（3.71）。如前所述，附近兼业者家庭负担比较重，平常很少有时间在这些景观基因内活动，也没有时间和机会向外人推荐景观基因；常年在外者通过对比城市和家乡的居住与交通环境，在电视里看见自己的家乡时有强烈的回家感，回家过年的时间特别短，一般都要去鼓楼转转，也要去萨坛祭祀，这些都强化了他们的认同感。

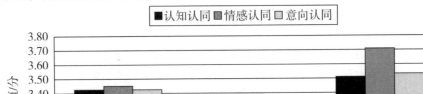

图 4.16 侗族传统村落景观基因的本地居民地方认同

4.4.3 本地居民与外来经营者的差异

三个案例地中，高定侗寨因为没有开发旅游，没有外来经营者。这里主要对芋头和肇兴两个侗寨进行研究。两个侗寨都在从一个传统封闭的侗族村寨向旅游小镇转变，肇兴侗寨转变较快，芋头侗寨转变较慢。这个转变带来了外来人口的迁入和村寨人口结构的重构，同时也使外来经营者与本地居民这两个不同文化倾向的群体在侗族村寨内不断冲突与融合。以下从景观基因的视角，考察这两个群体基于地方意义的身份如何认同（表4.6）。

表 4.6 案例地外来经营特征比较

案例地	商店数量	经营者			
		镇外		镇内	
		数量	经营类型	数量	经营类型
肇兴侗寨	114 家	25	酒吧、客栈、手工艺品	89	餐馆、客栈
芋头侗寨	31 家	8	客栈、手工艺品	26	餐馆、客栈
高定侗寨	6 家	0	—	6	餐馆、客栈

本书将侗寨本地村民及外来经营者地方认同的冲突与融合定义为"侗寨外来经营者及本地村民对本寨文化景观基因、地方特征的感知和认可的态

度",通过外来经营者及本地村民的"态度"(积极或消极、包容或排斥)来考察两个群体的认同情况(包容或冲突)。研究表明,态度是比较持久的个体的内在结构,由认知、情感、意向三个维度所构成。侗寨本地村民及外来经营者的地方感知与地方认同也从这三个维度进行。

对两个群体对于地方的感知与构建,采用意象图结合参与式观察法的方法进行研究,对其空间认知进行分析,获得侗寨外来经营者意象地图14张(肇兴10张、芋头4张),本地村民意象地图16张(肇兴11张、芋头5张);对两个群体对于地方情感和意向维度的构建,采用半结构式访谈法和问卷调查法等方法进行研究,访谈重点对象包括26名侗寨外来经营者(肇兴20名、芋头6名)以及30名本地村民(肇兴22名、芋头8名),访谈时间一般在20分钟至50分钟。

(1)地方认知认同差异。

凯文·林奇指出,城市意象是居民通过对城市环境的感知后通过大脑回忆和想象出来的空间形象,是感觉经验与个人记忆的共同产物,是居民与空间环境双向互动的作用结果。居民通常以路径和空间两种方式构造城市的意象地图。[235]

第一,空间认知差异。

通过本地村民的访谈资料和意象地图的整理发现:总体来看,本地村民的意象图较为细致、微观,意象图中的空间元素与侗寨的真实环境契合度较高,对文化的指示作用较强,芋头村的认知度要比肇兴村的认知度高(表4.7)。大多数村民能够将建筑文化景观基因标识出来,也能够将标志性环境基因标识出来,对聚落形态有意识,但其表达比较困难。这说明建筑文化基因、形态基因和环境基因对侗寨的感知有重要指示作用,体现出村民的居住文化倾向,也具有方向指认的功能。

表4.7 外来经营者与本地居民空间要素认知情况(认出人数)

单位:人

景观要素和商铺情况	认知情况			
	外来经营者(14人)		本地村民(16人)	
	肇兴侗寨(10人)	芋头侗寨(4人)	肇兴侗寨(11人)	芋头侗寨(5人)
鼓楼	10	4	11	5
风雨桥	9	3	11	5

续表 4.7

景观要素和商铺情况	认知情况			
	外来经营者（14 人）		本地村民（16 人）	
	肇兴侗寨（10 人）	芋头侗寨（4 人）	肇兴侗寨（11 人）	芋头侗寨（5 人）
萨坛	5	3	11	5
吊脚木楼	10	4	11	5
寨门	6	3	11	5
小溪	8	3	11	5
水稻田	4	3	9	5
杉树林	3	2	9	4
围绕鼓楼布局	2	1	4	2
商铺位置	8	4	6	3
商铺数量	7	3	4	2
商铺名称	5	3	2	1
商铺经营类型	8	3	3	2
商铺经营者	6	2	2	1

图 4.17a 是芋头侗寨 13 岁的吴小妹的意象图，图中她表示的是她家附近的区域，主要意象元素为石板路、小溪、芦笙鼓楼、吊脚木楼和周边山地，是以芦笙鼓楼为中心向外展开的。图 4.17b 是肇兴侗寨 60 岁的陆先生的意象图，图中画的是他对肇兴寨的整体认知，对石板路、小溪、五个鼓楼、风雨桥、吊脚木楼、萨岁山、杉树林、水稻田、周边山地等都有画出，画得比较详细，说明他对整个肇兴侗寨认知比较清楚。

村里有五个鼓楼。住房还是有一点砖、有一点木的好，安全、舒服一点，防火。鼓楼比吊脚楼更喜欢一点，冬天去那里下棋，跟老人聊天。寨门只是经过。风雨桥夏天才去乘凉。

——访谈对象 6

寨里有两条小溪，小溪上下游有一座风雨桥，五个鼓楼。我家住在礼团鼓楼旁边，从这边上去就是萨坛，再往里走就是萨岁山。

——访谈对象 35

第4章 侗族传统村落景观基因的感知与地方认同

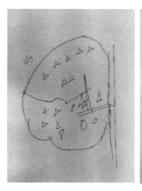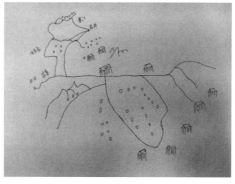

　　　　　　a　　　　　　　　　　　　　　b
图 4.17　本地村民侗寨意象图

　　通过对外来经营者的访谈资料和意象地图的整理发现：总体来看，外来经营者的意象较为抽象、宏观，意象图中的空间元素与侗寨的真实环境契合度较低，对方向的指示作用较强，对芋头村的认知度要比对肇兴村的认知度高（表4.4）。大多数外来经营者能够将商铺的位置、类型标识出来，也能够将部分鼓楼和风雨桥、河流标识出来，但对于具体位置与方向指向不明显，对于萨坛、杉树林等文化景观基因的认知则比较困难。这说明，这些商铺、部分建筑文化基因对外来经营者空间感知有重要指示作用，体现出外来经营者的居住功利倾向和生活方式与生活轨迹指向功能。

　　图4.18a是侗寨幸福酒楼的王先生的侗寨意象图，主要元素为仁团鼓楼、义团鼓楼、礼团鼓楼、智团鼓楼、信团鼓楼等重要建筑，对于其他的就不清楚了。图4.18b是侗寨手工艺品店何先生的侗寨意象图，主要元素为手工艺品店、银行、菜市场、车站等4个，内容简化而抽象，与事物的具体位置、方向等差异较大。

　　侗寨是椭圆形的，就像一艘船的形状一样，船尾左边的屋子是我的店子（餐馆）了。我很喜欢这条小溪。

——访谈对象32

　　侗寨是弯曲的龙形吧，要靠水与外界联系的，龙头位置应该是一个银行，龙尾有几家酒吧，有空到我的酒吧坐坐，就在最里面的倒数第二家。

——访谈对象38

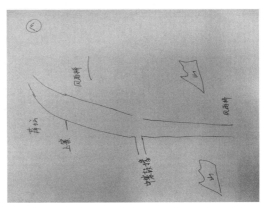

　　　　　　　a　　　　　　　　　　　　　b
图 4.18　外来经营者侗寨意象图

　　第二，认知倾向差异。
　　为了详细了解外来经营者和本地村民的侗寨空间认知倾向差异，作者采取询问的方式进行。询问的内容主要包括名字、数量、位置、类型等四个方面，其中对于外来经营者主要询问有关景观基因的问题，对于本地村民主要询问有关商铺的问题。结果发现：大部分外来经营者只能回答出两三个景观基因名字，而本地村民几乎全部无法说出商铺名称；只有少部分外来经营者知道鼓楼这个景观基因的大概位置，其他的基本上不清楚，而本地村民基本上只知道有外来经营者在侗寨经营商铺，无法说出他们的商铺具体在哪里；几乎所有的外来经营者都不清楚侗寨景观基因的类型，而本地村民知道侗寨里有人经营特产、酒吧、宾馆等类型。由此可以看出，外来经营者具有商业功能景观空间地图的认知倾向，本地村民则具有农业功能和文化功能双重景观空间地图的复合认知倾向。
　　第三，认知文化差异。
　　为了详细了解本地村民对外来经营者的身份认同，作者采取询问的方式进行，主要询问"是否支持外来经营者入住"和"是否将外来经营者视为村民一分子"两个问题。
　　在外来经营者入住方面，60%的本地村民持支持态度，30%的本地村民持不反对态度，仅有 10%的本地村民持反对态度。持支持态度的主要是年轻人，他们认为外来经营者入住可以提高租金、提高寨子知名度；持不反对态度的主要是中年人，他们每天忙于农活或者在附近县城打工，不太关心外来经营者的活动；持反对态度的主要是老年人，他们认为外来经营者的入驻使本来宁静的生活环境变乱了，尤其是政府为了发展旅游，往往给外来经营者很大的权力，限制了本地村民的很多自由（经过深度访谈得知，政府为了发展旅游，出台了本地建房的标准，对房子的建筑式样、建筑材料的使用等有限制），直接影响了本地村民的切身利益。可以发现，本地村民对于外来经营者入住的态度主要基于经济和社会结构方面的考虑，与文化结构关系不大。

在外来经营者本寨人的身份认同方面，70%的本地村民持不认同的态度，20%的本地村民持模糊态度，仅有10%的本地村民持认同的态度。持不认同态度的主要是老年人，他们对外来经营者的职业不太理解，对于他们经营的特色商品也不太理解，认为外来经营者的社会地位和文化修养与本地村民格格不入；持模糊态度的主要是中年人，他们表示对外来经营者的活动了解一些，但说不好认不认同，觉得他们的工作不太实诚；持认同态度的主要是年轻人，他们认为外来经营者入住的时间长了，自然就是这个寨子里的人了。

> 桥头那个酒吧是上海的，贵宾楼是政府的宾馆。不会对我们产生影响。差不多把他们当作寨子的一分子，不排外。
> ——访谈对象36
> 很少与外来商户打交道，外地人来这里大部分都是开旅馆的。支持他们来这里开商店，我们自己没有能力。他们不能算寨子里的一分子。
> ——访谈对象42

为了详细了解外来经营者对于村民的态度，研究采取深度访谈的方式进行。结果发现：大部分的本地村民平时很少参与村寨里的经营活动，平常也很少去这些经营场所。一部分外来经营者认为"村民就是村民，多为投机的小农心态，比较关注租金上涨"；一部分外来经营者认为"目前还是比较原生态的，本地人都不缺钱，不太想去挣钱，觉得这样过就可以了，房子空在这里也不想租出去"。

由此可见，侗寨外来经营者和本地村民的文化身份认同结构是破碎和断裂的。

（2）地方情感认同差异。

为了详细了解外来经营者和本地村民的侗寨情感认同差异,主要从个人角度和社会因素两个方面出发,重点考察归属感、安全感、愉悦感、自豪感等四个方面。

第一,村民的地方情感归属。

通过对侗寨本地村民的自豪感、愉悦感、持续性、独特性等因子的调查,发现本地村民对侗寨的归属感和认同感较为强烈,其中芋头侗寨比肇兴侗寨还要强烈。90%的芋头侗寨本地村民认为侗寨环境好、空气好、邻里间关系和睦,生活在芋头很开心,认为这种生活方式比较独特;只有60%的肇兴本地村民觉得住在肇兴有愉悦感,对生活方式的独特性认知不明显。大部分本地村民的侗寨情感持续性较强。约有85%的芋头村民认为侗寨符合自身的生活方式,希望一直住在芋头;只有65%的肇兴村民认为侗寨符合自身的生活方式,希望一直住在肇兴。两个寨子都有10%的人希望"住城里""有钱了搬走",主要原因是觉得侗寨的生活设施不方便。

第二,经营者的地方情感归属。

为了详细了解外来经营者对侗寨的情感态度,主要从地方依赖和地方依恋两个方面进行考量。结果发现:80%的经营者来侗寨最初的原因都是看中了这里租金便宜、原生态环境、发展潜力等因素。在侗寨居住一段时间后,大多数都会由于工作、社交和情结与侗寨建立了千丝万缕的内部联系,这时就从最开始的功能性依赖渐变为情感性的依恋。这种情感上的依恋主要建立在对侗寨的鼓楼、吊脚楼、小溪等旅游型地方文化景观的依恋上,但对长期定居于此则并没有这个打算。这说明本地村民的地方依恋情感比外来经营者的地方依恋情感要深刻真实。

> 我来肇兴寨已经住了8年了,对肇兴寨的情感比较深,也包含多种复杂的感情,可以这么说,已经是半个肇兴人了。
>
> ——肇兴寨工艺品店的刘先生
>
> 我2008年来的芋头寨,已经住了5年了。这里环境还可以,水很干净,很多地方都没有这样清澈的水了。喜欢住在这里,以后说不好,可能还是会回四川老家。
>
> ——芋头寨侗乡客栈的张先生

(3)地方意向认同差异。

为了详细了解外来经营者和本地村民的侗寨意向认同差异,主要考察内容为对侗族村寨文化景观的态度和反应，主要采取访谈与参与式观察的方式进行。

第一，村民的地方行为意向。

经调查发现，本地村民目前在侗寨里主要从事农业和附近兼业，业余时一般在鼓楼里聊天，在风雨桥纳凉。大多数村民对外来经营者的经营活动不感兴趣，平时也从不购买这些产品；只有少数村民想参与经营活动，但缺少资金，有时会去看看他们的经营产品；还有一部分村民表示支持村寨里开展经营活动，认为是件好事情，但自己本身对经营活动不感兴趣。持不感兴趣态度的本地村民主要为年长者和女性，持支持且想参加态度的本地村民多为年轻人或文化程度较高的男性，持支持但不感兴趣态度的本地村民主要为中年男性。由此可见，本地村民的年龄、性别、自身视野、文化程度等是影响他们对经营活动的接受程度的主要因素。总体看来，本地村民对外来经营者的经营活动的接受度较小，肇兴寨本地村民对经营活动的整体接受程度高于芋头寨。

第二，经营者的地方行为意向。

调查发现，外来经营者在侗寨里的主要工作就是经营自己的商铺，娱乐方式多为唱歌、喝茶、散步。

大多数外来经营者对村民的祭祀活动不感兴趣，平时也从不加入村民的这类活动；只有少数外来经营者表示想参加，但不知道跟谁联系，有时会去看看热闹；还有一部分外来经营者表示支持村寨里的这些活动，认为是件好事情，但自己没有时间参加。持不感兴趣态度的外来经营者主要为酒吧经营者；持支持态度且想参加的外来经营者主要为来侗寨时间较长的特色商品的经营者，他们意识到村民的这些活动也是侗寨地方意义的重要组成部分；持支持态度但没有时间参加的外来经营者主要为来侗寨时间较短的客栈经营者。肇兴寨外来经营者对侗寨村民活动的整体接受程度高于芋头寨。由此可见，外来经营者的居住时间、经营类型、村落旅游开发程度等是影响祭祀等活动接受程度的主要因素。总体来说，外来经营者对村寨的发展关注度高，但是融入本地村民的积极性不高。

4.5 侗族传统村落景观基因感知与地方认同差异的原因分析

4.5.1 景观基因感知与地方认同总体差异的原因

调查发现，鼓楼是村落的公共活动中心，是村民经常去的地方。祭祀、讲款、迎宾、送客经常在鼓楼内举行，这里也是老人们的聊天场所、年轻人的信息中心、举办红白喜事的场地。因此，相对于其他景观基因，它的感知度最高，认同度也最高。萨坛虽然也是公共活动中心，但是它是比较神圣的，平常村民不去，只有过年和祭祀的时候才去，因此其感知度与鼓楼相比较低。随着城镇化的发展，村民大多外出务工，因此对杉山溪田环境的依赖程度降低，对其感知度和认同度也最低。对景观基因的感知顺序是由物质形态到功能作用再到文化意义，对功能作用的感知与使用次数关联很大，对文化意义的感知则与村民的文化程度有关。侗族传统村落村民的文化程度较低，因此对物质形态的感知度与认同度最高，对文化意义的感知度较低。

4.5.2 景观基因感知与地方认同村落差异的原因

调查发现，村落规模大小对景观基因的感知影响较大，规模小的较容易感知，规模越大，感知的难度越大。旅游开发对于村民的感知也有重要影响。未开发时村民与外界的接触较少，对相关信息了解不多，因此，对于景观基因的独特性不以为然。随着旅游的开发，通过与游客的交流，村民逐渐意识到村落景观的价值与特色。同时，随着旅游的进一步开发，商业化影响加大，传统村落景观受到破坏和商业化景观进一步增加，村民对村落景观基因的感知与认同程度会降低。旅游开发，特别是地方政府对于地方景观特性的宣传与营销，有助于强化地方文化景观。随着旅游收益的提高，景观基因的维修和保护主要由政府出资，而且政府会出台很多关于村落景观的维修规范，从而降低了居民的意向认同行为。

4.5.3 景观基因感知与地方认同村域差异的原因

调查发现，居民的活动范围越大，与外界接触的机会越多，认识外部聚落（城市和乡村）的景观的材料越多，在认知这些外部聚落景观时会不自觉地与本村落的景观进行比较，从而认识到本村落景观的特质。在附近兼业的村民通过与附近县城城市景观的比较，常年在外者则通过与外地域的聚落景观的比较，意识到本村落景观基因的特色所在和保护价值，自然提高了其对村落景观的认知。而外来经营者为了能够获得更多的利益，驱使他们关注村落的文化景观特色，从而提高他们经营活动的环境价值。

第5章 侗族传统村落景观基因在地方认同构建中的作用

5.1 侗族传统村落景观基因在地方认同构建中的作用因素

景观是形成认同的基本元素[243]，地方认同构建以景观为媒介[244]。节庆[169]、民间祠神[174]、文本[245]、移民[175]、书法[163]、祠堂[171]等都对地方认同构建产生积极作用。

（1）节庆对地方认同的构建作用。节庆是地方认同再生产的重要情境，民俗节庆往往扎根于地方文化[246]。侗族的节庆活动丰富多彩，侗乡主要节日有：正月的春节、婚礼节（初三）、祭萨、月半、龙家年、歌节、约也，二月的二月二、赶社，三月的花炮节、摔跤节，四月的坡会、四月八，五月的端午节、杨梅节，六月的天赐节、吃新节，七月的祭祖节，八月的赶歌坪、芦笙节，九月的甲戌节，十月的祖宗节，十一月的平安节，十二月的侗年。通过这些节庆活动，欢庆丰收，祈求风调雨顺，纪念民族英雄，开展宗教活动、青年社交，不断增强居民自我与地方的联系[129,247]，构建居民的地方文化身份与地方认同，塑造地方的形象，促进地方的更新与加快经济发展[127,248]。

（2）民间祠神对地方认同的构建作用。民间祠神是地方文化认同标志之一，它在历史上长期存在，在各地广泛分布。[174]侗族民间祠神信仰是"萨"，主要内容包括传说故事（萨岁传说）、神祠建筑（萨神祠、萨坛）、祠神符号（萨岁山、萨妈像）、祭祀组织（寨老组织）等。萨是侗族至高无上的女祖宗，能驱恶除邪，保寨安民。只有得到萨的保佑，寨上人才能福寿康宁。因此，侗族无论在举行什么大型的活动之前，都要先进行严格的祭萨活动。例如，每年大年初一那天，先由管萨祠的寨老将祠门打开。然后，全寨人无论男女老少（孕妇除外），在祠门前排成长队。先由管萨祠的寨老进祠内上香敬茶，祈祷萨神保佑新春福至，人康财发，五谷丰登，六畜兴旺……祈祷完毕，管萨祠的寨老摘取万年青枝叶，分发给全寨所有的人。大家将拿到的万年青视为萨神赐给的吉祥物,将它插在头上或放在荷包里,然后一同饮祭茶,喜迎新春。通过祭萨活动,稳定了萨祠这个祭萨空间,构建了侗族村寨男女老少的身份,保持了侗族村寨内稳定的地方认同。

（3）文本对地方认同的构建作用。文本通过再现地方典型景观、再现当地人的生活方式和再现遗失的地方文化等三种方式强化地方认同。[245]目前,侗族传统村落的地方文本包括学术专著、文学作品、电影、广告、音乐、新闻、网络和其他媒体等[249]。通过对典型景观的再现,在自我、集体与地域景观之间建立起联系。图像和景观经常被看作地方形象或者精神的载体。侗族村寨因为中国社会科学院邓敏文教授的评介文章《侗族文化三样宝——鼓楼、大歌、风雨桥》[250]而闻名。许多人到那里去感受侗乡的神奇与和谐之美。这种对当地文化景观的文本描述能够使当地人增强对家乡的热爱,进而提升对地方的认同度,鼓楼也就成了侗族的象征、侗族村寨的标志和侗族文化的代表;同时,文本也能激起"他者"对侗族村寨的地方想象,从而加强了对地方（侗族村寨）的认同。一个地方人们的日常生活是进行中的故事,就是当地许多人合演的"芭蕾舞剧"（即身体芭蕾）。2009 年 9 月 14 日,湖南经济卫视直播了湖南怀化"天下第一合拢宴"旅游主题活动,整个合拢宴参宴人数达到 10200 人,创下了一项新的世界纪录。吃合拢宴是侗族人民招待客人的独特方式。活动通过再现当地人的生活方式（合拢宴）,使侗族村寨的每个人产生了良好的地方感空间,也再现了侗族人的生活空间和文化场景,使人们能够了解交织在这些空间和景观中的侗族人的思想观念。由湖南少数民族古籍办公室主编,杨锡光等整理译释的《侗款》,将侗款分为款坪款、约法款、出征款、英雄款、族源款、创世款、习俗款、祝赞款、祭祀款九类[251],通过文字和图像再现已经几乎不复存在的侗款文化,描述的是已经逝去的侗族村寨的生态文化,而今它已成为当地人记住该地区独特性的依据。在城镇化和社会经济快速发展的浪潮中,侗族村寨的历史根基和岁月痕迹通过书籍、碑文、影视等文本得以保存,通过这些文本,人们才能了解侗族的文化和历史。

5.1.1　景观基因在地方认同构建中的个人因素分析

居民属性不同,其生活方式、价值观念等均有明显差异。在调查中发现,居民属性是影响景观基因感知与认同的重要因素。其中性别、文化程度、居住时间、居住地等因素对居民的感知和认同影响较大。[3]

（1）男性的感知和认同程度显著高于女性，女性之间的认同差异大于男性之间。

在侗寨中，由于现代社会文化还未完全被居民接受，仍保持有传统的男尊女卑思想。女性仅限于务农、操持家务，男性则可以从事建筑业等能对建筑景观有深刻了解的行业[3]。此外，在家族文化传承方面，男性也占有优势。例如，祭拜萨妈的就多为男性家族成员，所以男性感知和认同程度（3.28/3.41）都比女性（2.77/2.89）高。但是从内部差异来看，男性之间的感知差异（0.190）要大于女性居民（0.121），男性之间的认同差异（0.390）则小于女性（0.431）（表5.1）。

表5.1 传统村落景观基因居民基于性别的感知与地方认同差异

景观基因感知与地方认同		鼓楼	萨坛	围鼓楼布局	杉山溪田	总分值	平均值	标准差
感知	男性	3.43	3.58	3.26	3.16	29.55	3.28	0.190
	女性	2.83	2.87	2.77	2.78	24.89	2.77	0.121
地方认同	男性	3.81	3.88	2.68	3.00	30.67	3.41	0.390
	女性	3.36	3.34	2.08	2.43	25.97	2.89	0.431

（2）文化程度有助于居民的感知，但对认同的影响不明显。

文化程度相对高的居民对环境的感知更精细[3]，他们更容易区分不同景观的特征和相同景观的细节差异，尤其是鼓楼、风雨桥、寨门、萨坛、民居等建筑的风格异同和建筑的体积、细节装饰的差异以及道路特征差异。随着受教育程度的提高，居民接受科学文化的程度增强，加上新中国成立以来的文化发展历程的影响，他们对文化的认同更严格，对于侗族景观文化中存在的风水思想、神话传说持更谨慎的态度，不会轻易相信，这影响了他们对景观基因的认同感（表5.2）。

表5.2 侗族传统村落景观基因居民基于文化程度的感知与地方认同差异

景观基因 感知与地方认同		鼓楼	萨坛	布局形态	杉山溪田	总分值	平均值	标准差
感知	无	2.84	3.06	3.08	3.06	26.15	2.91	0.194
	小学	3.02	3.20	3.21	2.90	26.94	2.99	0.137
	初中	3.22	3.25	2.81	3.00	27.35	3.04	0.258
	初中以上	3.25	3.29	2.95	2.93	28.23	3.14	0.205
地方认同	无	3.67	3.83	2.75	2.88	29.33	3.26	0.404
	小学	3.86	3.87	3.28	2.83	31.18	3.46	0.349
	初中	2.86	3.42	2.20	2.54	26.00	2.89	0.408
	初中以上	3.52	3.33	2.38	2.71	27.57	2.06	0.436

（3）居住时间越长，感知和认同程度越高。

社会认知心理学研究发现，人们对一个事物越熟悉，就会越喜欢该客体，即熟悉效应。调查发现，侗寨居民居住时间越长，对侗寨越熟悉，因此，居民对侗寨景观基因的感知与认同程度越高，尤其表现在对民居特征、道路特征、布局形态、图腾标志和环境因子的感知和认同方面。对于鼓楼和风雨桥，10~20岁的学生由于上下学时常经过这些地方，因而感知和认同程度要高一些（表5.3）。

表5.3 传统村落景观基因居民基于居住时间的感知与地方认同差异

景观基因 感知与地方认同		鼓楼	萨坛	布局形态	环境因子	总分值	平均值	标准差
感知	<10年	3.02	2.93	2.30	2.64	24.45	2.72	0.280
	10~20年	3.25	2.75	3.11	2.90	26.09	2.90	0.348
	20~40年	3.02	3.30	3.02	2.91	26.98	3.00	0.228
	40~60年	3.02	3.25	3.13	3.03	27.79	3.09	0.105
	>60年	3.18	3.39	3.42	3.23	28.46	3.16	0.192

续表 5.3

景观基因感知与地方认同		鼓楼	萨坛	布局形态	环境因子	总分值	平均值	标准差
地方认同	<10 年	3.18	2.94	1.97	2.27	23.61	2.62	0.418
	10~20 年	3.33	3.00	2.00	2.22	24.67	3.74	0.516
	20~40 年	3.31	3.56	2.29	2.48	37.06	3.01	0.439
	40~60 年	3.88	3.88	2.46	2.98	30.71	3.41	0.455
	>60 年	3.91	4.03	2.88	3.15	31.64	3.52	0.347

（4）居住地离村寨中心越近，感知与认同程度越高。

中寨的通达性最好，到全村都很近，且村寨的主要建筑景观也集中在中寨，如小溪就处在寨子中部位置，寨中很多活动也都在中寨举行，故而居民对村落景观基因的感知度较高；头寨外出不便，比较闭塞，故而居民对村落景观基因的感知度不高；而寨门靠近尾寨，所以尾寨居民的感知度最高。从调查的样本中可以发现，芋头的中寨、肇兴的礼团、高定的团寨都是位于中寨位置，侗族家族观念强，各自以鼓楼为中心生活，鼓楼间交流不多，住在中寨的必须经过头寨和尾寨，因此感知度较强（表 5.4）。

表 5.4　侗族传统村落景观基因居民基于居住寨子的感知与地方认同差异

景观基因感知与地方认同		鼓楼	萨坛	布局形态	环境因子	总分值	平均值	标准差
感知	头寨	2.96	2.89	2.75	2.62	24.55	2.73	0.141
	中寨	3.37	3.51	3.22	3.10	28.29	3.14	0.203
	尾寨	3.05	3.11	2.92	3.08	27.15	3.02	0.136
地方认同	头寨	3.30	3.06	2.16	2.62	25.65	2.85	0.324
	中寨	3.69	4.11	2.55	2.65	29.39	3.27	0.474
	尾寨	3.50	3.50	2.27	3.08	28.44	3.16	0.397

5.1.2 景观基因在地方认同构建中的因素综合分析

文献研究表明，很多因素都会对地方认同产生影响。Proshansky 等认为，地方认同的实质结构特性（包括其认知内容及其相关因素）会随着年龄、性别、人格、社会阶级及其他个体特性的变化而变化。[117] 为了分析侗族传统村落地方认同构建的影响因素，运用前述的通道县芋头村、黎平县肇兴村和三江县高定村三个侗族村寨的调研获得 272 份有效问卷数据，在 SPSS 16.0 中进行因子分析，表 5.5 列示了变量的平均值和标准差，共 10 个变量。由表可见，景观基因构建的地方认同程度较强（平均值最低为 3.208，最高为 3.628），由景观基因产生的愉悦感和归属感较强（平均值大于 3.5），景观基因使得人们产生对侗寨这个地方的认同。

表 5.5 变量的平均值与标准差

P	平均值	标准差
侗寨景观基因的物质（颜色、大小、造型）感知	3.487	0.645
侗寨景观基因的功能（原初、附加、现代）感知	3.394	0.578
侗寨景观基因的意义（图腾、吉祥、生态）感知	3.301	0.580
侗寨景观基因的特性（独特、代表、组成）感知	3.368	0.420
在侗寨景观基因内活动有愉悦感	3.628	0.688
在侗寨景观基因内活动归属感	3.564	0.625
看到侗寨景观基因时有自豪感	3.208	0.731
经常在侗寨景观基因内活动	3.468	0.692
愿意向外人推荐侗寨景观基因	3.300	0.663
愿意出资保护侗寨景观基因	3.303	0.773

为了深入探讨侗族传统村落居民属性（包括年龄、性别、教育程度、居住时间等）等内在影响因素和职业、收入水平、居民类型、村落发展等外在影响因素在地方认同构建中的作用，运用 SPSS 17.0 的相关分析功能，结果发现（表 5.6）：①性别、年龄、出生地、教育程度、居民类型在情感认同、认知认同和意向认同上都具有显著影响，影响程度大小为：年龄＞居

民类型>出生地>性别>教育程度；②居住时间（只对功能感）、职业和村落发展（只对物质感）只对单个因素有影响，收入只对功能感与意义感两个因素有影响；③在认知认同中，对物质感影响程度大小是村落发展（0.590）>年龄（0.319）>性别（0.241）>居民类型（0.235）>职业（0.209），对功能感影响程度大小是年龄（0.543）>居住时间（0.482）>居民类型（0.421）>出生地（0.325）>教育程度（0.264）>性别（0.225）>收入（0.217），对意义感影响程度大小是年龄（0.568）>居民类型（0.420）>出生地（0.363）>教育程度（0.333）>收入（0.306）>性别（0.253）；④在情感认同中，对愉悦感影响程度大小是年龄（0.381）>出生地（0.221）>性别（0.201），对归属感影响程度大小是年龄（0.504）>居民类型（0.377）>出生地（0.349）>教育程度（0.311）>性别（0.243），对自豪感影响程度大小是年龄（0.433）>居民类型（0.296）>出生地（0.237）>性别（0.221）；⑤在意向认同中，对活动意向影响程度大小是年龄（0.391）>出生地（0.268）>居民类型（0.266）>教育程度（0.236）>性别（0.253），对推荐意向影响程度大小是年龄（0.450）>居民类型（0.265）>出生地（0.236）>教育程度（0.221）>性别（0.215），对保护意向影响程度大小是年龄（0.541）>居民类型（0.451）>教育程度（0.371）>收入（0.297）>出生地（0.246）。

表5.6 侗族居民个人及社会经济因素与地方认同的相关性检验

P	认知认同			情感认同			意向认同		
	物质感	功能感	意义感	愉悦感	归属感	自豪感	活动意向	推荐意向	保护意向
性别	0.241*	0.225*	0.253*	0.201*	0.243*	0.221*	0.253*	0.215*	0.129
年龄	0.319**	0.543**	0.568**	0.381**	0.504**	0.433**	0.391**	0.450**	0.541**
居住时间1	0.160	0.482**	0.528	0.353	0.496	0.419	0.350	0.404	0.438
出生地	0.025	0.325**	0.363**	0.221*	0.349**	0.237*	0.268*	0.236*	0.246*
职业1	0.209*	0.028	0.076	0.157	0.026	0.125	0.029	0.113	0.110
收入2	0.100	0.217*	0.306**	0.071	0.182	0.105	0.278	0.142	0.297**

续表 5.6

P	认知认同			情感认同			意向认同		
	物质感	功能感	意义感	愉悦感	归属感	自豪感	活动意向	推荐意向	保护意向
教育程度	0.070	0.264**	0.333**	0.163	0.311**	0.194	0.236*	0.221*	0.371**
居民类型	0.235*	0.421**	0.420**	0.153	0.377**	0.296**	0.266**	0.265**	0.451**
村落发展1	0.590**	0.193	0.034	0.193	0.008	0.193	0.193	0.035	0.093

说明：*、** 分别表示在 0.05、0.01 水平上显著相关。

5.1.3 景观基因在地方认同构建中的因素类型分析

确认不同定类变量下测量指标是否存在显著差异，可以采用单因子方差分析。通过 SPSS 16.0 的 Kruskal-Wallis Test 分析，结果（表 5.7）表明，侗族传统村落景观基因塑造了不同群体的地方认同，但在认同的维度上差异明显。①年龄在情感、认知和意向认同上存在一定程度差异，由访谈也得出了同样结果。②教育程度在情感和认知认同上没有明显的差异，但意向认同与两者存在显著差异。认知当地文化与视野相关性很大，随着视野的扩大和对其他文化的了解和比较，加强信息联系和吸引外地人来侗族村寨旅游是提高地方认同的有效措施。③常年在外与常年在家的群体在认知和意向认同上差异较小，但两者都明显大于情感上的认同。常年在外的人忙于工作，常年在家的人对侗寨习以为常，所以情感认同较低。④收入和村落发展都只对单个因子认同产生影响。村落发展水平和居民收入水平提高后，人们的文化需求加强，有资金也愿意出资保护村落文化，也认识到了村落文化的重要性。⑤出生地、职业、性别在地方认同的三个维度上都没有显著差异，这说明人与地方之间的联系是在两者的互动中产生的，尽管景观基因是本土文化的特色所在，但它跟人们与外界的接触与交流也有很强的相关性。

表 5.7　侗族传统村落景观基因地方认同的因子分析

P	情感认同因子	认知认同因子	意向认同因子
性别	0.235*	0.250*	0.221*
年龄	0.465**	0.502**	0.522**
居住时间	0.447**	0.398**	0.449**
出生地	0.283*	0.236*	0.282**
职业	0.095	0.101	0.009
收入	0.125	0.112	0.273**
教育程度	0.233*	0.211*	0.316**
居民类型	0.290**	0.385**	0.375**
村落发展	0.140	0.363**	0.020

说明：*、** 分别表示在 0.05、0.01 水平上显著相关。

5.2　侗族传统村落景观基因在地方认同构建中的作用效应

　　调查问卷包括村落居民属性特征、景观基因测量量表和村落发展特征三个方面。村落景观基因测量量表采用 5 分制的李克特量表，景观基因的感知分为物质形态、功能作用和文化意义三个维度，地方认同分为情感认同、认知认同和意向认同三个维度；物质形态感知用颜色、大小和形状三个指标进行测度，功能作用感知用原初功能、附加功能和现代功能三个指标进行测度，文化意义感知用图腾崇拜、吉祥寓意和生态和谐三个指标进行测度，情感认同用愉悦感、归属感和自豪感三个指标进行测度，认知认同用民族独特景观、村寨文化代表景观和村落重要组成景观三个指标进行测度，意向认同用活动意向、推荐意愿和保护态度三个指标进行测度（表 5.8），每个指标编制一个陈述语句项，以"5"表示"非常清楚"或"非常同意"，"4"表示"比较清楚"或"比较同意"，"3"表示"清楚"或"同意"，"2"表示"不清楚"或"不同意"，"1"表示"很不清楚"或"很不同意"。

表5.8 侗族传统村落景观基因的感知与地方认同的维度划分及具体指标

维度划分		具体指标		
感知维度	物质形态	颜　色	大　小	形　状
	功能作用	原初功能	附加功能	现代功能
	文化意义	图腾崇拜	吉祥寓意	生态和谐
认同维度	情感认同	愉悦感	归属感	自豪感
	认知认同	独特景观	代表景观	重要组成景观
	意向认同	活动意向	推荐意愿	保护态度

本书采用结构方程模型作为主要定量分析方法。结构方程模型是一种多元统计分析技术，包括模型的建立、参数的估计和因果关系的检验，它整合了路径分析、因子分析和多重线性回归分析等方法。结构方程模型包含两类变量，即直接测得的测量变量和无法直接观测的潜变量，测量变量与潜变量之间关系的模型为结构模型。对于景观基因的感知与地方认同，均为不可直接测量的变量。因此，结构方程模型是分析景观基因地方认同作用效应的有效方法。本书采用 AMOS 16.0 软件进行模型的构建、参数的估计、模型的修正等环节，从而完成模型实现。

5.2.1　景观基因在地方认同构建中的作用统计

基于调查所得498份问卷的数据，从居民个人特征、景观基因感知、村落社会经济发展等三个方面对地方认同的基本情况进行统计分析（表5.9）。

在居民个人特征方面：从性别来看，男女比例为53.5∶46.5，接近1∶1，样本的性别分布比较平均；从出生地来看，71.3%的为本地出生，外地出生来村落的人较少；从年龄来看，以30~44岁（32.6%）和60岁以上（23.8%）的居民最多；从居住时间来看，居住时间为21~40年的居民（28.7%）最多。

在村落社会经济发展方面：就职业而言，居民主要是在家务农（41.5%）和附近兼业（42.5%）；从文化程度来看，居民以小学（34.6%）和初中（34.6%）水平为主；从收入水平来看，居民的收入主要集中在2000元以下（71%）；从居民类型来看，居民外出较多，其中常年在外的占42.5%，偶尔外出的占34.7%。

在村落景观基因感知方面：平均感知得分最高为杉山溪田环境（3.94分），其次为萨坛（3.79分）和围鼓楼布局（3.73分），最低为鼓楼（3.54分）。

表5.9 问卷调查样本基本情况

项 目	类别（样本所占比重）			
性 别	男（53.5%）		女（46.5%）	
出生地	本地（71.3%）		外地（28.7%）	
年龄/岁	<18（2.0%）	18～29（25.7%）	30～44（32.6%）	45～59（15.9%）	>60（23.8%）
居住时间/年	<5（24.7%）	6～20（11.8%）	21～40（28.7%）	41～60（18.9%）	>60（15.9%）
职 业	在家务农（41.5%）	附近兼业（42.5%）	外地务工（15.2%）	自主经营（0.08%）
文化程度	无（11.8%）	小学（34.6%）	初中（34.6%）	高中（14.8%）	大专及以上（2.2%）
月收入（元）	<1000（36.5%）	1001～2000（34.5%）	2001～3000（14.7%）	3001～4000（12.7%）	>4000（1.6%）
居民类型	常年在家（22.8%）	偶尔外出（34.7%）	常年在外（42.5%）	
景观基因	鼓楼（3.54分）	萨坛（3.79分）	围鼓楼布局（3.73分）	杉山溪田（3.94分）

5.2.2 景观基因在地方认同构建中的作用模型

（1）模型构建与变量处理

采用结构方程模型分析景观基因对地方认同构建的作用机制，探讨哪些因素影响（直接或间接）地方认同及其影响的程度。为全面反映景观基因感知情况和地方认同状况，将景观基因感知、个人特征、社会经济、地方认同等潜变量和相应的测量变量纳入模型中，构成4个测量模型（图5.1），继而由潜变量构建结构模型。

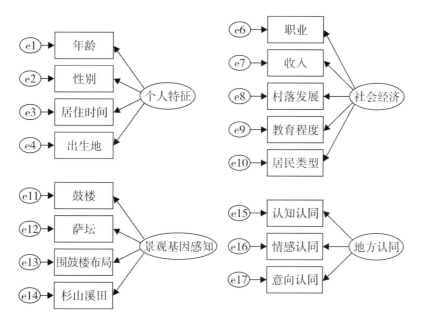

图 5.1　测量模型构建

对四个测量模型的说明以及相应的变量处理情况如表 5.10。不同出生地的地方认同状况有所不同，因此在个人特征因素这一测量模型中引入"出生地"变量。此外，由于样本来自三个不同村落，在社会经济因素测量模型中，引入"村落发展"这一变量，以检验村落差异对地方认同的影响。以景观基因感知、个人特征、社会经济、地方认同四个潜变量为基础，并假设前三个潜变量对地方认同产生直接影响，构建假设模型（图 5.2）。

表5.10 测量模型变量说明

模型	潜变量	测量变量	变量编码说明
测量模型1	个人特征	性别	女=1，男=2
		年龄/岁	<18=1，29=2，30~44=3，45~59=4，60~74=5，>75=6
		居住时间/年	<5=1，5~20=2，21~40=3，41~60=4，>60=5
		出生地	本村出生=1，村外出生=2
测量模型2	村落发展	月收入/元	<1000=1，1000~2000=2，2000~3000=3，3000~4000=4，>4000=5
		职业	务农=1，附近兼业=2，外地务工=3，自主经营=4
		教育程度	无=1，小学=2，初中=3，高中=4，大专及以上=5
		居民类型	常年在家=1，偶尔外出=2，常年在外=3
		村落发展	未开发=1，初步开发=2，成熟开发=3
测量模型3	景观基因感知	鼓楼	很不清楚=1，不清楚=2，清楚=3，比较清楚=4，非常清楚=5
		萨坛	
		围鼓楼布局	
		杉山溪田	
测量模型4	地方认同	认知认同	很不认同=1，不认同=2，认同=3，比较认同=4，非常认同=5
		情感认同	
		意向认同	

图 5.2 假设模型构建

图 5.3 修正模型构建

（2）参数估计、模型修正及模型拟合。

利用 AMOS 16.0 软件对假设模型进行参数估计，结果显示模型的内在质量不错，但模型的外在质量欠佳，假设的结构模型中由社会经济指向景观基因感知的路径系数，以及个人特征指向性别的标准化因子负荷系数均未达到显著性要求，需对模型进行修正。参考修正指标值显示，若将潜变量"个人特征"与潜变量"社会经济"设定为共变关系，则可以减少卡方值的数值。表示潜变量"个人特征"与潜变量"社会经济"两个次层面间的某些观测变量对景观基因的认同有某种类同，将这两个指标的误差变量设成共变关系，理论是合理的，不会违背模型的假定与经验法则，因而在修正模型时，可将这两个潜变量设为共变关系。修正后的模型如图 5.3 所示，在模型拟合指数方面，自由度为 110，表明模型可以识别，卡方自由度比 1.15，绝对拟合指数 $RMSEA = 0.072$，$NFI = 0.909$，$CFI = 0.966$，表明模型整体拟合良好，结果可以接受。

5.2.3 景观基因在地方认同构建中的作用效应

由上述分析可知，模型整体拟合度良好，结构模型中的各条路径系数及测量模型中各个标准化因子负荷系数均有意义。具体而言，标准化因子负荷系数反映各观测变量与其所对应的潜变量之间的关系。如图 5.4 所示，在个人特征因素中，居住时间和出生地两个变量对个人特征的解释程度最好，其系数分别达到 0.90 和 0.76；在社会经济因素中，村落发展、居民类型、教育程度、收入对社会经济解释程度好，其系数分别为0.84、0.68、0.63和0.60；在景观基因感知因素中，萨坛、围鼓楼布局、杉山溪田环境和鼓楼对景观基因感知解释度均较好，其系数分别为0.86、0.81、0.81和0.78。居住时间、出生地、年龄、村落发展、居民类型、教育程度、收入、职业、萨坛、围鼓楼布局、杉山溪田、鼓楼对个人特征、社会经济、景观基因感知这三个潜变量的反映能力较强，由这些因素反映的潜变量，以及由这些潜变量进而对地方认同构成了间接或直接影响。

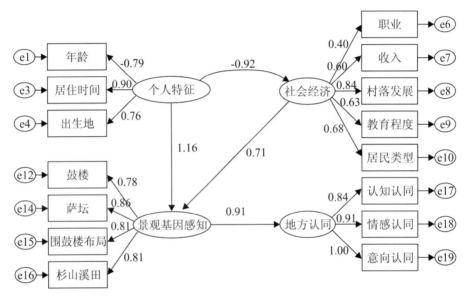

图5.4 传统村落景观基因在地方认同构建中的作用效应

个人特征和社会经济共变后指向景观基因感知，再由景观基因感知指向地方认同，三条路径系数显著性水平均符合要求。其路径系数数值大小不同，说明各条路径系数表达的关系有程度差异。通过路径系数数值和路径图来分析各潜变量对地方认同的影响类型（分为直接影响和间接影响）及影响程度。从影响类型来看，景观基因感知对地方认同具有直接影响，而个人特征和社会经济共变后通过作用于景观基因对地方认同产生间接影响；从影响程度来看，景观基因对地方认同的影响显著（其路径系数均>0.78），且其影响程度是萨坛>围鼓楼布局=杉山溪田>鼓楼，景观基因感知变化1个单位，地方认同变化0.91个单位，个人特征和社会经济变化1个单位，地方认同相应地变化 1.16 个和 0.71 个单位。在地方认同中，各维度系数均很高，意向认同最高（1.00），其次为情感认同（0.91），认知认同最低（0.84）。

5.3 侗族传统村落景观基因在地方认同构建中的作用过程

5.3.1 景观基因在地方认同构建中的作用过程理论分析

目前，关于地方认同的构建，多数学者认为包括情感、认知、意向三个心理过程，而关于三者的先后顺序及其相互作用则没有一致结论。科尼兹（Knez）等认为，地方依恋先于地方认同产生，人们对居住地依恋程度越高，对居住地方认同程度越高。韦斯特－海伯（Wester-Herber）则认为，改变居住地会对地方依恋产生显著的即时效应，但并不改变对原居住地的地方认同。通过与新居住地环境长时间的交互作用后，就会逐渐产生对新居住地的认同。赫尔南德斯（Hernández）认为，非原住民的地方依恋发生在地方认同之前。[252]侗族传统聚落景观基因在地方认同构建中的作用也包括地方认知、地方依恋和地方意向三个过程。

5.3.2 景观基因在地方认同构建中的作用过程因子分析

结合以往研究关于数据质量的要求进行检验，对变量进行内部一致性检查，结果地方认同的 Cronbach α 值为 0.925 > 0.700，数据可靠性高；本研究结合以往研究结论和专家意见进行预测试，内容效度有保障；并用 SPSS 17.0 分析，得到 KMO 值为 0.909 > 0.700，结构效度较好，因此采用因子分析。采用 Varimax 正交旋转分析法和主成分分析法对地方认同进行主成分因子分析。在提取因子时采用获取情感、认知、意向三个因子模型，各因子载荷及其解释的方差与累积值[173]如表 5.11 所示。P1～P4 为认知因子，P5～P7 为情感因子，P8～P10 为意向因子，这三个因子分别解释了总方差的 29.52%、26.14%、26.76%，累计解释总方差的 82.42%，其中认知因子解释的方差最大。这说明侗族传统村落景观基因在认知、情感、意向等三个心理过程对地方认同的形成有显著影响，同时也说明认知在地方认同形成过程中的作用最为显著。

表 5.11　侗族传统村落景观基因地方认同的因子分析

地方认同测量变量	情感认同因子	认知认同因子	意向认同因子	解释的方差/%	累计解释的方差/%
P3 侗寨景观基因的意义（图腾、吉祥、生态）感知		0.931			
P2 侗寨景观基因的功能（原初、附加、现代）感知		0.870			
P1 侗寨景观基因的物质（颜色、大小、造型）感知		0.661			
P4 侗寨景观基因的特性（独特、代表、组成）感知		0.237		29.52	
P7 看到侗寨景观基因时有自豪感	0.914				
P5 在侗寨景观基因内活动有愉悦感	0.888				
P6 在侗寨景观基因内活动归属感	0.899			26.14	55.66
P9 愿意向外人推荐侗寨景观基因			0.914		
P10 愿意出资保护侗寨景观基因			0.871		
P8 经常在侗寨景观基因内活动			0.714	26.76	82.42

说明：*、** 分别表示在 0.05、0.01 水平上显著相关。

5.3.3　景观基因在地方认同构建中的作用过程关联分析

侗族传统村落景观基因在认知、情感、意向等三个心理过程对地方认同的形成有显著影响，但是认知、情感、意向三个过程之间的先后关系及其相互作用的大小如何？本书采用结构方程模型以帮助分析，采用 AMOS 16.0 软件进行模型构建、参数估计、模型修正等环节，从而完成模型实现，结果见图 5.5。

从图 5.5 可以看出：①个人特征和社会经济特征对认知、情感、意向三个维度都有影响，但是影响程度比较均匀，都在 0.10 左右，只有个人特征对认知认同的影响程度最大（-0.40），社会经济对情感认同的影响程度较大（0.23）；②在认知、情感和意向认同维度之间的关系上，认知认同对情感认同和意向认同都有积极正向作用，且认知认同对情感认同的作用（0.97）比对意向认同的作用（0.49）大，情感认同对意向认同也具有积极正向作用（0.52）且大于认知认同的作用（0.49）；③各观测变量对认知认同的测量均较好，只有物质感知较低（0.61）；④各观测变量对情感认同的测量均较高，愉悦感最低，也有0.87；⑤各观测变量对意向认同的测量均较高，活动意愿最低，也有0.71。

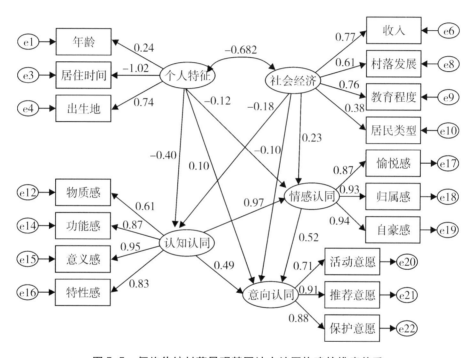

图5.5 侗族传统村落景观基因地方认同构建的维度关系

5.4 侗族传统村落景观基因在地方认同构建中的作用机制

依据前述的侗族传统村落景观基因在地方认同构建中的作用因素分析和作用过程分析结果，将侗族传统聚落景观基因在地方认同构建中的作用机制分为刺激反应机制和强化激励机制。

5.4.1 景观基因在地方认同构建中的刺激反应机制

根据华生的刺激—反应学习理论，有机体的行为完全是以刺激—反应的公式进行解释的。[253]侗族传统村落地方认同是居民经过景观基因的感官体验和情感体验的反复刺激，从而形成有组织、确定的条件反应。它包括四个内容：景观基因的活动类型、景观基因活动的感官体验、景观基因活动的情感体验，以及景观基因活动的地方认同。

（1）景观基因的活动类型。

侗寨内凡有重大事宜商议、起款定约、欢送宾客，均在鼓楼内进行；侗寨里都建有萨坛，安殿后要举行安殿仪式，在萨坛前踩歌堂，吟唱《萨之歌》，歌颂萨的功德，冀求萨的保佑；侗族建房之前先建鼓楼，所有房子都围绕鼓楼而建；侗族生活在云贵高原向湘南丘陵过渡的山槽里，溪流河谷生产鱼和粳稻，山上生产杉木，非常重视生态环境的协调。

（2）景观基因活动的感官体验。

居民在鼓楼内进行迎宾庆典、在萨坛内进行祭祀祈福、围绕鼓楼居住生活、在溪河杉山上生产劳动。居民通过视觉、听觉、嗅觉等感觉器官对景观基因的颜色、材料、体积等反复感知，从而形成明显差异的感官体验。

（3）景观基因活动的情感体验。

居民在鼓楼内进行迎宾庆典、在萨坛内进行祭祀祈福、围绕鼓楼居住生活、在溪河杉山上生产劳动以后，与景观基因及其活动群体产生千丝万缕的联系，从而获得对景观基因的功能、意义等的回忆与想象。

（4）景观基因活动的地方认同。

从访谈中可以发现，居民通过对景观基因中的文化的感知，解读其景观基因背后所传达的文化内涵，并将其与其他文化进行对比，在差异的构建中形成对本土文化的认同。

5.4.2 景观基因在地方认同构建中的强化激励机制

激励机制是在组织系统中，激励主体系统运用多种激励手段，通过规范化和相对固定化的方法，与激励客体相互作用、相互制约的方式、结构、关系及演变规律的总和。侗族传统村落地方认同是主体将景观基因和地方与身份想象的连接手段，包括三个主要内容：认同主体及其类型、认同主体的地方想象，以及认同主体的身份想象。

(1) 认同主体及其类型。

在侗族传统村落景观基因的地方认同构建中，认同主体由三类群体组成：本地居民是情感认同的主导；随着旅游的开发，来村落进行商业经营者大量迁入，对地方功能性认同具有重要作用；地方政府从经营的角度对地方形象进行构建，希望推动地方经济的发展，对地方认知认同具有重要作用。

(2) 认同主体的地方想象。

本地居民对侗族传统村落的地方想象主要体现在对景观基因的情感上。本地居民的居住、生产等日常活动建立起的景观基因内部联系，被订约、祭祀等集体活动在景观基因外部强化。外来经营者通过在侗族传统村落内销售本地特色商品获益，特色商品与销售环境（村落景观基因）成为他们地方想象的主要对象。地方政府通过广告、电视、网络等方式构建侗族传统村落想象，吸引游客和投资者，从而带动地方经济发展，地方标志和土地收益成为他们地方想象的主要对象。

(3) 认同主体的身份想象。

本地居民通过对景观基因的感知，产生对侗族村寨较大的认同感。这种认同感既体现在对景观基因功能的解读上，也体现在对景观基因的意义理解上。外来经营者也通过对旅游商品的感知，产生对侗族村寨较大的认同感。这种认同主要体现在对景观基因物质的物质感知上，对景观基因的功能和意义揭示较少。当地政府通过景观基因的营销，产生对侗族村寨较大的认同感。这种认同主要体现在对景观基因功能的作用重塑上。

侗族传统村落景观基因在地方认同构建中的作用机制总结如图 5.6 所示。

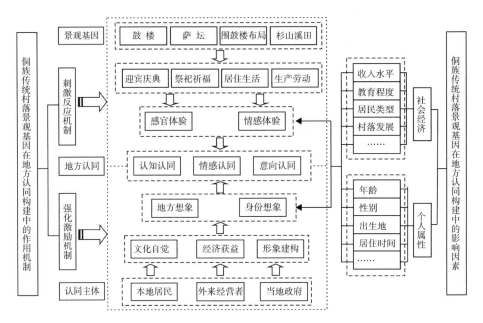

图 5.6 侗族传统村落景观基因在地方认同构建中的作用机制

第6章 基于地方认同的侗族传统村落景观基因保护

6.1 基于地方认同的侗族传统村落景观基因保护

6.1.1 主体性保护

(1) 提高侗族居民文化水平。

文化程度与感知度成正比。调查发现,侗族传统村落的居民文化整体水平不高。大力提高侗族居民特别是年轻一辈居民的文化程度,可以提高居民对景观基因的认同程度,进而有利于侗寨景观基因的传承与侗族村落的发展。因此,需要避免出现年轻居民过早地外出务工而常年不归,建议适龄儿童移居到城镇上小学,最好在本地接受完中学教育后再外出上大学;同时,注意加快新农村建设、发展旅游产业,或者鼓励发展生态农业等,提升侗寨的经济发展水平,改善侗寨的居住条件和居民的生活条件。强化九年制义务教育和强化高中教育,从而给居民提供良好的教育条件,从而让更多的年轻居民能够在本地接受完整的基础教育,从而加强了他们对侗寨有一个成熟、完整的感知。

(2) 延长居民在村寨的居停时间。

受全国快速城镇化的影响,侗族村寨的年轻居民外出打工现象普遍,大都读完中学就外出,每年有大约4/5的时间在外务工。这大大影响了居民对侗族村寨景观基因的感知机会,自然就削弱了他们的地方认同程度。因此,当地政府应当抓住国家加快建设中西部地区和新农村建设的机会,引导当地居民回乡创业,引导侗寨居民就近就业。同时,通过举办节日庆祝、祭祀礼仪等传统民俗活动,延长年轻人在寨内停留的机会,通过改善侗寨内基础设施、生活服务设施条件,提高居民在寨内停留的意愿,从而提高居民的感知度和认同度。

(3) 提高女性居民的家庭地位。

通过调查发现,侗族传统家庭观念较强,男尊女卑的思想现象普遍。因此，应结合社会主义和谐社会的发展要求，在侗族村寨内进行宣传教育，鼓励女性学习文化知识，提高他们在家庭的地位和话语权。同时，鼓励中青年女性参加侗族传统文化的学习，开创特色产品生产的工作渠道，让女性的工作选择多样化，通过发展民族工艺品相关的特色产业，改变女性居民过去单纯的务农与做家务的现象，通过增强对女性居民的侗寨文化基因的认同感，通过女性对其子女教育产生持久的影响，从而有利于侗寨景观基因的保护与传承。

（4）延续创新民俗民风活动。

神话、古典记载及民俗民风往往是民族图腾的载体。汉族文字记录图腾中所蕴含的古老含义，既避免其随时间消失，又可用于宣传，弥补口口相传的不足。民族服饰、民族装饰也同样记录民族图腾，侗族的鼓楼、风雨桥、萨坛、侗寨大歌等都记录了丰富的图腾内容，鼓楼仪式、风雨桥送宾、萨坛祭祀、侗寨对歌等活动的开展可以增强侗民相互之间的情感，也是他们理解和延续图腾文化的载体，然而，受到城镇化和现代化的冲击，民俗活动越来越少，影响了民族认同。因此，通过发展旅游，创新民俗活动，使其核心不改，个性加强，且适应现代化、城镇化特点，使侗民主动接受，提高民族认同。

6.1.2 数字化保护

将侗族传统村落由物质形态转换为数字形态，开辟实体保护之外的另一种保护方式，是提高侗族传统村落景观基因保护的有效途径。

（1）侗族传统村落景观基因的要素挖掘。

在对侗族传统村落进行全面调查的基础上，深入挖掘侗族传统村落所蕴藏的建筑价值、艺术价值、历史价值，以及对其所蕴藏的农业文化遗产的保护开发、永续传承及科学价值进行挖掘，运用景观基因理论识别和提取侗族传统村落景观的典型特征，并从时间和空间维度把握古村古镇遗传变异规律，从而更清楚地认识古村古镇的文化价值。其内容主要包括：①基于类型学理论的侗族传统村落建筑景观基因挖掘。将侗族传统村落的历史文献资料和实地考察结合，挖掘侗族传统村落鼓楼、风雨桥、吊脚楼等代表性建筑的整体基因和构建基因。②基于人类学的侗族传统村落的非物质景观基因挖掘。侗族大歌、侗族织锦、侗族傩戏等是侗族社会的重要特征，通过对文献研究和传承的口述史研究，挖掘侗族传统村落的非物质文化景观的传承基因。③基于社会生态学的侗族传统村落社会组织景观基因挖掘。侗族款组织、侗族禁忌等是侗族传统社会的人们与大自然和谐相处的宝贵遗产，通过文献研究、碑刻遗存研究和典型居民的深度访谈研究，挖掘侗族传统社会的社会景观基因。

（2）侗族传统村落景观基因的数字化。

通过多技术平台的联合攻关，实现古村古镇物质和非物质文化遗产的数字化，建立信息完善的数据库框架。其内容主要包括：①"非遗"的多模态建模及其情景化再现，包括基于多模态数字化技术对非物质文化遗产进行有效建模，并结合其场景进行情景化再现。②三维景观建模及其可视化，包括典型古村古镇景观的三维数据采集、处理、建模及其数据库的构建，基于虚拟现实与增强现实技术的深度可视化。③景观基因的数字化提取与 GIS 管理，包括基于 GIS 技术构建景观基因数据库，并集成管理多源异构数据。

（3）侗族传统村落景观基因的云平台。

在新媒体环境下，探索建立侗族传统村落文化遗产数字化展陈与传播的多种途径、多种形式及其实现的关键技术，建立侗族传统村落数字文化遗产的云服务平台，提供一种侗族传统村落文化魅力展示与传承的快捷方式。其内容主要包括：①基于自发地理信息的数字遗产传播与服务机制。将侗族传统村落的高分遥感影像与大众提供的自发地理信息进行整合并实现自动更新服务。②数字遗产多途径传播的形式标准与内容优选。新媒体环境下，针对不同传播途径优选不同的传播内容，确定不同的传播形式及其标准。③基于云平台的传播内容搭建及网络共享安全机制。从理论和技术上探索传播内容的数据压缩和优化表达，并整合进云平台，同时探索其网络传输的安全和知识产权保护机制。

6.1.3 活态性保护

（1）侗族传统村落景观基因的产业应用。

提炼侗族传统村落所隐含的文化元素，并将其符号化、格式化、标准化，并以其在产品设计、游戏、动漫、景观设计、科普教育等领域的现代产业应用，实现其文化精髓的现代传承。其内容主要包括：①云服务平台的多行业应用接口。研究基于侗族传统村落数字化资源云服务平台的多行业应用的关键问题和技术，并探索其与相关应用系统的对接。②文化元素符号化及其在动漫设计中的应用。将侗族传统村落当中隐含的文化元素进行全方位提炼并进行符号化和标准化，从而建立元素数据库。③面向 Geo Design 的景观规划与景观修复。根据侗族传统村落文化遗产景观基因遗传变异的时空规律，并根据 Geo Design 的理念进行景观规划与设计，还可建立模型应用于景观修复。

（2）侗族传统村落景观基因的完整性传承。

传统村落的可持续发展是聚落保护与开发的核心问题。侗族传统村落要实现可持续发展，必须建立完整性的传承体系。其内容主要包括：①从点、线、网、面和体五个层面建立的完整的景观基因保护体系；②从传承人和群体两个层面构建侗族传统村落景观基因的传承体系；③从本地居民、地方政府和学术团体等方面建立侗族传统村落景观基因的一致认同体系。

（3）侗族传统村落景观基因的博物馆建立。

为了克服在固定地点静态方式展示民族文化的缺陷，生态博物馆可以实现原真性、活态化的保护。通过建立侗族传统村落景观基因的生态博物馆有利于推动侗族传统文化遗产的有效保护。其内容主要包括：①以村寨为基础，以就地保护的方式进行原生态状况下的景观基因的保护和展示；②以溪流为纽带，在贵州黎平、榕江、从江和广西三江等南部侗族聚居区建立 3~5 个生态博物馆；③采用"馆村结合"的形式，以县城侗族博物馆为展示中心，全面展示侗族文化，以连片古侗寨作为保护区[254]，动态保护独特的侗族文化。

6.2 基于地方认同的侗族传统村落景观基因传承

6.2.1 博物馆传承

将传统村落视为文物的集合体，对其进行整体保护是一种基本保护方式，也是提高传统村落景观基因保护的有效途径。

（1）实体博物馆传承。

为了在固定地点集中展示传统村落的文化，实体博物馆可以实现原真性和整体性的文化传承。建立传统村落景观基因的实体博物馆，有利于推动传统文化遗产的有效保护。其内容主要包括：①以传统村落为单元，以原状保护的方式进行文化景观基因的展示；②以流域为基础，在传统村落保存较好的集聚区建立一定数量的实体博物馆；③采用分类分级的形式，以不同民族和不同保护程度的村落博物馆为基础，全面展示传统村落文化景观基因的传承状态。

(2) 生态博物馆传承。

为了克服在固定地点以静态方式展示民族文化的缺陷，生态博物馆可以实现原真性、活态化的文化传承。通过建立传统村落景观基因的生态博物馆有利于推动传统文化遗产的有效保护。其内容主要包括：①以传统村落为基础，以就地保护的方式进行原生态状况下的景观基因的保护和展示；②以河流为纽带在传统村落文化景观基因集聚区建立一定数量的生态博物馆；③采用"馆村结合"的形式，以镇生态博物馆为展示中心，全面展示传统村落文化，以连片传统村落作为保护区[254]，动态保护独特的传统村落文化。

(2) 虚拟博物馆传承。

为了克服当前博物馆注重物质文化遗产的保护，对于非物质文化遗产停留在收藏和展示其物的局限，虚拟博物馆可以实现广泛性、活态化的传承。通过建立传统村落文化景观基因的虚拟博物馆，有利于推动传统文化遗产的有效传承。其内容主要包括：①以传统村落为基础，以数字保护的方式进行景观基因的历史性保护和展示；②以实体博物馆为依托，在传统村落文化景观基因集聚区的镇或县城建立一两个虚拟博物馆；③采用虚实结合的形式，以实体博物馆为基础，全面融合虚拟现实和增强现实技术，综合展示和体验传统村落文化。

6.2.2 消费性传承

(1) 文化景观基因消费性传承的内涵。

随着文化旅游的发展，西方消费主义文化与各地方文化进一步交融，文化传承表现出明显的消费性特征。文化景观基因消费性传承以游客为主体，以地方文化为载体，是一个长期的过程。消费性传承通过生产者和消费者的良性互动持续进行，主要方式有旅游发展、生活服务和实践教育。其中，旅游有着巨大的文化与经济的双向效益，已然成为村镇经济发展的一种风尚，成为文化景观基因消费性传承最主要的方式。游客在旅游过程中通过观赏、购买、体验等一系列活动实现消费性传承，并对传承进行形态、符号、价值三层深入，由此构成文化景观基因消费性传承的维度。

(2) 文化景观基因消费性传承的过程。

概括来说，文化景观基因消费性传承过程也是一个景观基因凝视的过程。游客作为消费性传承的主体，他们对景观基因凝视赋予消费性传承多重意义。凝视作为旅游者的主体行为方式，其对象主要是以视觉化、图形化呈现出来的景观。凝视是体验的综合，它具有支配性，是旅游体验的中心。视觉观赏享受一方面可以诱发购买行为；另一方面可进一步加深体验，产生心灵浸入。旅游的景观需要旅游者的凝视，旅游者的凝视又总是寻找着符合旅游想象力和期待的景观，并从这样的景观中得到视觉体验。具有特定意义的文化景观试图唤醒旅游者对于凝结在景观中的历史事件或是神话传说的体验和记忆，以达到身体和心理的共鸣，为游客形成一次奇妙的旅行体验。旅游者在旅游目的地寻找那些具有特殊意义的符号，并通过拍照等媒介手段将其保留。这个过程就是旅游者对目的地景观的消费过程。旅游者在凝视中赋予景观多重意义，旅游者通过消费完成各种体验活动，在凝视中浸入、思考、理解，进而悄然实现文化景观的传承。其内容包括三个方面：①形态传承。游客在旅游观赏的过程中对文化景观基因消费性传承进行第一层传承，即形态传承。传统村落的文化景观物质载体主要包括空间环境和历史建筑。②符号传承。游客在购买旅游物的过程中对文化景观基因消费性传承进行第二层传承，即符号传承。符号不仅有文字表面的意义，而且作为象征的、比喻的意义被广泛使用。人类的文化创造、文化传承都是以符号的形式来实现的，文化传承就是传承符号，而景观实际上就是在处理符号。从这个角度来说，文化景观基因的消费性传承就是在购买和消费文化景观的符号中实现的。③价值传承。游客在旅游体验的过程中对文化景观基因消费性传承进行第三层传承，即价值传承。游客对于旅游物的体验并不割裂观赏和购买，而是建立在这两种行为的基础上，对心理层面进行强调。

（3）文化景观基因消费性传承的机制。

游客的旅游体验是观看方式和目的地的相关因素共同作用的结果。文化景观是各文化主体背后的文化整合，文化景观基因的传承不论是从何种维度探究，亦与文化主体息息相关。伴随消费这一经济活动，文化主体的共同作用构成了文化景观基因的传承机制。原住民缔造了传统村落文化景观的本色，他们塑造的景观基因，以其地方感吸引着旅游者。随着旅游发展，政府和文化经纪人等多方利益博弈，对文化景观造成了创造性破坏，一系列的景观生产打造了新的空间组织。市场穿梭于文化景观基因消费性传承的全过程，对游客凝视构建的多重意义进行了不同程度的衍生。其主要包括三个过程。

第一，乡土生活：文化景观基因的创造。

景观基因是一个景观所特有的区别于其他景观的因子，它作各种几何排

第6章 基于地方认同的侗族传统村落景观基因保护

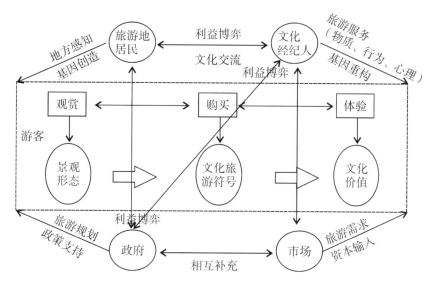

图 6.1 文化景观基因消费性传承的过程与机制

列,是景观"遗传"的基本单位,对某种景观的形成具有决定性的作用。原住民是传统村落文化景观传承的主体,居民对景观基因的感知与认同是传承的前提。传统村落的原住民是传统村落的缔造者,是农耕文化的守护者,没有原住民就没有传统村落的"古韵"。[255] 主观性与日常生活的体验是构建地方最为重要的特征。地方是一个充满意义的社会与文化实体。传统村落原住民的生活是富于地方性的。衣食住行等最基本的日常事务,都有一代一代累积出的一套帮助人们生活的方法。衣食住行对应的种种传统,加之外化的形态,就有了文化景观。传统村落的食物"生于斯,长于斯",建筑等是在原住民适应历史环境的过程中形成的。传统村落的原住民见证了传统村落的历史沉淀,缔造了传统村落文化景观的本色。景观基因是一种地方性的表达,这种异质的独特的表达,对于旅游者有着本源的吸引力,进而成为其消费的动力。另外,由于原住民日益成为兜售本地旅游产品的核心卖点,通过主客互动直接影响了旅游者的体验质量与消费尺度。

第二,多方博弈:文化景观的生产。

景观生产指的是旅游地后天被制造或在原始景观的基础上改进旅游吸引物的过程,是空间生产的景观化和视觉化。在城镇化发展的背景下,传统村落受到各种内外因素的共同作用,交织呈现出不同的权力、利益之冲突与协调,引起了传统村落空间格局出现阶段性的转变。空间的组织和意义是社会变化、社会经验的产物。而"转变"并没有与"传承"割裂开，因为传承并不是保持原状一成不变，而是结合自身地理环境等各个要素形成自己的发展模式，传承和发展是具有对立统一性的。谈及景观生产，主要是文化景观在消费这个语境下产生的相关变化，也是多方利益博弈在发展规律下的结果。在众多复杂因素中，政府和文化经纪人占据主导地位，政府作为决策者充当规划控制的角色，而文化经纪人起到催化完成的作用。文化经纪人在旅游活动中或充当翻译和导游，或充当旅游团领队和旅游产品的销售者，他们对文化景观的再造使得旅游吸引物进一步成熟，这种景观再造的过程亦即景观生产。文化经纪人在不同文化的交往中，在很大程度上决定着主客交流的程度，他们可以在不损害本地文化的前提下，有选择地向游客展示本地文化。游客的消费性传承也因此表现出不同的效果。文化经纪人从三个层面影响游客的消费性传承：①物质层面，这主要是指经营者售卖的产品类型等直接影响游客的购买活动；②行为层面，包括导游、经营者等的经营方式、行为规范等，一般而言，经营者的经营方式越新颖，导游行为越规范，对游客越具有吸引力；③心理层面，包括旅游相关从业人员、与旅游者有直接接触或间接接触的旅游地接待人员和工作人员的思维方式和道德情操。导游的介绍具有向导性，影响着游客对旅游景点的认知。旅游地接待人员的服务态度很大程度上影响着游客的旅游体验。

第三，市场组织：文化景观基因的意义派生。

任何经济活动都离不开市场的调控和组织。市场以一种"看不见的手"的力量，深刻地影响着各种利益博弈，也影响着文化向度。在文化景观基因消费性传承的过程中，游客作为主体，其景观凝视赋予文化景观基因消费性传承多重意义。而市场穿梭于文化景观基因消费性传承的全过程，对游客凝视构建的多重意义进行了不同程度的衍生。市场对文化景观基因消费性传承的影响和作用主要体现在三个方面。首先，市场一词经常和游客一起使用，即游客市场，或者说是旅游客流量、旅游物吸引力。消费性传承固然要在消费的语境中完成，游客市场的大小是评价文化景观基因消费性传承的一个重要条件。其次，市场调控与政府的宏观调控相互补充，共同组织旅游活动。最后，也是非常重要的一点，在市场中交织着各种利益博弈，市场中包含的供求信息、发展规律影响着旅游系统的运行。它既可以为一个旅游地带来社会资本的输入，促进消费性传承的良性循环，也可能让旅游地失去资本支持，使消费性传承的某个环节遭到破坏。

6.2.3 教育性传承

将传统村落视为自然遗产与文化遗产的集合体，对其进行传承既是一个文化过程，也是一个教育过程。教育可分为学校教育、家庭教育和社会教育三个层面，因而，传统村落文化景观基因的传承也可以从三个方面展开。

(1) 家庭教育传承。

传统村落文化景观基因的家庭传承是指在家族内部进行的传承方式，主要依靠祖辈和父母辈的言传身教；此外，还依靠社会成员之间的相互引导。这是文化遗产教育传承的原初形态。通过建立传统村落文化景观基因的家庭项目，有利于推动传统文化遗产的有效传承。其内容主要包括：①以传统村落居民为基础，以原居民非物质文化遗产传承的方式进行文化景观基因的主体传承；②以家庭研学为辅助，把传统村落非物质文化遗产保存较好的村落开发成为研学基地，在家庭研学中实现传统村落遗产的教育传承；③以家族寻根为补充，在家族姓氏的寻根活动中实现传统村落文化的有效传承。

(2) 学校教育传承。

学校教育在传统村落文化景观基因传承中起着非常重要的作用，但目前学校教育中关于文化遗产的教育仅局限于民族高校、民族中小学校，相关的课程也较少。为了有效的传统村落文化景观基因的传承效果，应通过学校教育全过程推动传统文化遗产的有效传承。主要包括：①编制传统村落文化遗产教材，以传统村落或地区为单位进行传统村落文化遗产的整理和汇编；②开发传统村落文化遗产课程，以传统村落遗产教材为依据，开发相应的教学资源、教学案例。③引进传统村落文化遗产教师，以传统村落文化遗产课程为依托，邀请民间艺人进课堂，进行传统村落文化遗产的现场教学。

(3) 社会教育传承。

随着社会经济的发展，人们之间的交流也变得越来越开放。因此，文化遗产的教育也由封闭走向开放，通过促进以传统村落文化遗产为载体的文化交流，有利于推动传统村落文化遗产的传承。主要包括：①以传统村落民俗节庆为载体，以节日庆典活动的方式产生潜移默化的影响，使人们认识和接受传统村落文化景观基因；②以传统村落文体竞赛为依托，在竞赛活动中实现传统村落文化景观基因的有效传播；③以传统村落文化旅行为形式，在休闲和体验活动中实现传统村落文化景观基因的同步传承。

参考文献

[1] 王恩涌. 文化地理学导论 [M]. 北京, 高等教育出版社, 1989.

[2] 刘沛林. 家园的景观与基因: 传统聚落景观基因图谱的深层解读 [M]. 北京: 商务印书馆, 2014.

[3] 杨立国, 林琳, 刘沛林, 等. 少数民族传统聚落景观基因的居民感知与认同特征: 以通道芋头侗寨为例 [J]. 人文地理, 2014, 39 (6): 60 – 66.

[4] 胡燕, 陈晟, 曹玮, 等. 传统村落的概念和文化内涵 [J]. 城市发展研究, 2014, 21 (1): 10 – 12.

[5] 刘沛林. 论"中国历史文化名村"保护制度的建立 [J]. 北京大学学报 (哲学社会科学版), 1998, 35 (1): 81 – 88.

[6] 李亚娟, 陈田, 王婧, 等. 中国历史文化名村的时空分布特征及成因 [J]. 地理研究, 2013, 32 (8): 1477 – 1485.

[7] 张珊. 贵州地扪侗寨的历史地理研究 [D]. 北京: 中央民族大学, 2009.

[8] 卢因. 基因: Ⅷ [M]. 余龙, 江松敏, 赵寿元, 主译. 北京: 科学出版社, 2005.

[9] 道金斯. 自私的基因 [M]. 卢允中, 等译. 北京: 中信出版社, 2012.

[10] 刘沛林. 古村落文化景观的基因表达与景观识别 [J]. 衡阳师范学院学报 (社会科学), 2003, 24 (4): 1 – 8.

[11] 杜芳娟, 陈晓亮, 朱竑. 民族文化重构实践中的身份与地方认同: 仡佬族祭祖活动案例 [J]. 地理科学, 2011, 31 (12): 11 – 17.

[12] 赵勇. 中国历史文化名镇名村保护理论与方法 [M]. 北京: 中国建筑工业出版社, 2008.

[13] PROSHANSKY H M. The city and self-identity [J]. Environment and behavior, 1978, 10 (2): 147 – 169.

[14] STEDMAN R. Toward a social psychology of Place: Predicting behavior from place-based cognitions, attitude, and identity [J]. Environment and behavior, 2002, 34: 561 – 581.

[15] KRUPAT E. A place for place identity [J]. Journal of environmental psychology, 1983, 3: 343 – 344.

[16] 唐文跃. 地方感研究进展及研究框架 [J]. 旅游学刊, 2007, 22 (11): 70 – 78.

［17］WILLIAN D R, ROGGENBUCK J W. Measuring place attachment: some preliminary results ［C］. Proceeding of NRPA Symposium on Leisure Research. San Antonio: Virginia Polytechnic Institute & State University, 1989.

［18］约翰斯顿. 人文地理学词典［M］. 柴彦威, 译. 北京: 商务印书馆, 2004.

［19］黄向, 保继刚, GEOFFREY W. 场所依赖: 一种游憩行为现象的研究框架［J］. 旅游学刊, 2006, 21 (9): 19-24.

［20］吴必虎, 刘筱娟. 中国景观史［M］. 上海: 上海人民出版社, 2004.

［21］刘沛林, 董双双. 中国古村落景观的空间意象研究［J］. 地理研究, 1998, 17 (1): 31-38.

［22］胡最, 邓运员, 杨立国, 等. 传统聚落景观基因及其研究进展［J］. 地理科学进展, 2012, 40 (12): 1620-1627.

［23］刘沛林. 中国传统村落意象的构成标志［J］. 衡阳师专学报（社会科学）, 1994 (4): 62-67.

［24］GAUTHIERZ B. The history of urban morphology ［J］. Urban morphology, 2004, 8 (2): 72

［25］SAUER C O. The morphology of Landscape ［J］. University of California Publication in Geography, 1925, 2: 19-54.

［26］SCHLUTER O. Uber den grundriss der stidte ［J］. Z ges erdk berl, 1899 (34): 446-462.

［27］段进, 邱国潮. 国外城市形态学研究的兴起与发展［J］. 城市规划学刊, 2008, 21 (5): 35-42.

［28］蔡运龙, WYCKOFF B. 地理学思想经典解读［M］. 北京: 商务印书馆, 2011, 56-64.

［29］SAUER C O. The fourth dimension of geography ［J］. Annals of Association of American Geographers, 1974, 64 (2): 189-192

［30］MICHAEL WILLIAMS. The apple of my eye: Carl Sauer and historical geography ［J］. Journal of historical geography, 1993, 9 (1): 1-28

［31］CONZEN M R G. The use of town plans in the study of urban history ［C］ //DYOS H J. The study of urban history. Leicester: Leicester University Press. 1968.

［32］朱光潜. 朱光潜全集: 第6卷［M］. 合肥: 安徽教育出版社, 1990: 84.

［33］汪丽君. 建筑类型学［M］. 天津: 天津大学出版社, 2005.

［34］朱光潜. 朱光潜全集: 第15卷［M］. 合肥: 安徽教育出版社, 1991: 25.

［35］汪丽君, 舒平. 类型学建筑［M］. 天津: 天津大学出版社, 2004: 10-13.

［36］马清云. 类型概念及其建筑类型学［J］. 建筑师, 1990, 38 (12): 13-15.

［37］张楠. 作为社会结构表征的中国传统聚落形态研究［D］. 天津: 天津大学, 2010.

[38] ROSSI A. The architecture of the city [M]. Cambridge: The MIT Press, 1982: 23.

[39] 杨跃华, 魏春雨. 建筑类型学的研究与实践 [J]. 中外建筑, 2008, 13 (6): 85-90.

[40] 布莱克摩尔. 谜米机器: 文化之社会传递过程的"基因学" [M]. 高申春, 等译. 长春: 吉林人民出版社, 2001.

[41] 鲁道夫斯基. 没有建筑师的建筑 [M]. 林宪德, 译. 台北: 大佳出版社, 1987: 25.

[42] 拉普卜特. 宅形与文化 [M]. 常青, 等译. 北京: 中国建筑工业出版社, 2007: 13

[43] OLIVER P. Encyclopedia of vernacular architecture of the world: 2 [M]. Cambridge: Cambridge University Press, 1997: 26.

[44] TAYLOR G. Environment, village and city: A genetic approach to urban geography; with some reference to possibilism [J]. Annals of the Association of American Geographers, 1942 (1): 1-67.

[45] 袁久红. 文化符号学的理论与方法初探 [J]. 东南文化, 1991 (5): 2-7.

[46] 刘放桐, 等. 新编现代西方哲学 [M]. 北京: 人民出版社, 2000.

[47] 龚鹏程. 文化符号学 [M]. 上海: 上海人民出版社, 2009.

[48] 方环海, 郝哲, 黄莉萍, 等. 道器之辩: 语言符号意义的生成与构建: 兼评《文化符号学导论》中的语言符号阐释 [J]. 国际汉语学报, 2014, 4 (1): 318-331.

[49] 贺媛. 大众媒介与城市文化关系 [D]. 上海: 上海大学, 2013.

[50] 刘长林. 宇宙基因社会基因文化基因 [J]. 哲学动态, 1988, 11 (7): 31.

[51] 周尚意, 赵世瑜. 中国民间寺庙: 一种文化景观的研究 [J]. 江汉论坛, 1990, 43 (8): 44-46.

[52] 刘沛林. 古村落: 和谐的人聚空间 [M]. 上海: 上海三联书店, 1997.

[53] 汤茂林, 金其铭. 文化景观研究的历史和发展趋向 [J]. 人文地理, 1998, 23 (3): 42.

[54] 角媛梅. 哈尼文化区的特质: 哈尼梯田文化景观 [J]. 云南地理环境研究, 2003, 15 (1): 51.

[55] 刘沛林. 广东侨乡聚落的景观特点及其遗产价值 [J]. 中国历史地理论丛, 2003 (1): 5-11

[56] 陆林, 等. 徽州古村落的景观特征及机理研究 [J]. 地理科学, 2004, 25 (12): 660-665

[57] 王云才. 风景园林的地方性: 解读传统地域文化景观 [J]. 建筑学报, 2009, 55 (12): 51.

[58] 邓运员, 杨柳, 刘沛林. 景观基因视角的湖南省古村镇文化特质及其保护价

值［J］．经济地理，2011，31（9）：1552－1557，1584．

［59］彭一刚．传统村镇聚落景观分析［M］．北京：中国建筑工业出版社，1992．

［60］潘安．客家民系与客家聚居建筑［M］．北京：中国建筑工业出版社，1998．

［61］司徒尚纪．岭南历史人文地理：广府、客家、福佬民系比较研究［M］．广州：中山大学出版社，2001．

［62］余英．中国东南系建筑区系类型研究［M］．北京：中国建筑工业出版社，2001．

［63］葛剑雄，曹树基，吴松弟．中国移民史［M］．福州：福建人民出版社，1997．

［64］张祖群，赵明，侯甬坚．中国黄土地区古村落（人类家园）环境解说系统研究之展望［J］．西北民族研究，2007，21（1）：116－123．

［65］张晓虹．明清时期陕西民间信仰的区域差异［J］．中国历史地理论丛，2000，16（1）：185－214．

［66］周振鹤．行政区划史研究的基本概念与学术用语刍议［J］．复旦学报（社会科学版），2001，65（3）：31－36．

［67］韩茂莉，张一，方晨，等．全新世以来西辽河流域聚落环境选择与人地关系［J］．地理研究，2008，27（5）：1118－1125．

［68］张伟然．湖南历史文化地理研究［M］．上海：复旦大学出版社，1995．

［69］胡最，刘沛林，曹帅强．湖南省传统聚落景观基因的空间特征［J］．地理学报，2013，68（2）：219－231．

［70］林琳．港澳与珠江三角洲地域建筑：广东骑楼［M］．北京：科学出版社，2006．

［71］李立．乡村聚落：形态、类型与演变［M］．南京：东南大学出版社，2007．

［72］尼跃红．北京胡同四合院类型学研究［M］．北京：中国建筑工业出版社，2009．

［73］刘沛林，刘春腊，等．客家传统聚落景观基因识别及其地学视角的解析［J］．人文地理，2009，24（6）：40－43．

［74］刘天曌，杨载田．湖南客家人由来及其传统聚落景观初探［J］．地域研究与开发，2011，30（1）：148－150．

［75］刘沛林，刘春腊，李伯华，等．中国少数民族传统聚落景观特征及其基因分析［J］．地理科学，2010，30（6）：810－817．

［76］许学强，朱剑如．现代城市地理学［M］．北京：中国建筑工业出版社，1988．

［77］于洪俊，宁越敏．城市地理概论［M］．合肥：安徽科技出版社，1983．

［78］周一星．城市地理概论［M］．北京：商务印书馆，1995．

［79］顾朝林，柴彦威，蔡建明．中国城市地理［M］．北京：商务印书馆，1999．

[80] 国际建筑师协会. 面向二十一世纪的建筑学：国际建筑师协会第 20 届世界建筑师代表大会文集 [C]. 北京：中国建筑工业出版社，1999：22-25.

[81] 林河. 中国巫傩史 [M]. 广州：花城出版社，2001：31-65.

[82] 戴志坚. 闽台民居建筑的渊源与形态 [M]. 福建：福州人民出版社，2003：51-65.

[83] 刘森林. 中华装饰：传统民居装饰意境匠 [M]. 上海：上海大学出版社，2004，2-50.

[84] 邓奕，毛其智. 北京旧城社区形态构成的量化分析：对《乾隆京城全图》的解读 [J]. 城市规划，2004，28（5）：61-68.

[85] 李晓峰. 乡土建筑：跨学科研究理论与方法 [M]. 北京：中国建筑工业出版社，2005.

[86] 申秀英，刘沛林，邓运员. 景观"基因图谱"视角的聚落文化景观区系研究 [J]. 人文地理，2006，21（4）：109-112.

[87] 刘景纯. 城镇景观与文化：清代黄土高原地区城镇文化的地理学考察 [M]. 北京：中国社会科学出版社，2008.

[88] 段进，龚恺，等. 世界文化遗产西递古村落空间解析 [M]. 南京：东南大学出版社，2006：7-15.

[89] 段进，揭明浩. 世界文化遗产宏村古村落空间解析 [M]. 南京：东南大学出版社，2009：9-16.

[90] 杨大禹. 传统民居及其建筑文化基因的传承 [J]. 南方建筑，2011，32（6）：7.

[91] 曹帅强，邓运员. 非物质文化遗产景观基因的挖掘及其意象特征：以湖南省为例 [J]. 经济地理，2014，34（12）：185-192.

[92] 胡最，刘沛林，邓运员. 汝城非物质文化遗产的景观基因识别：以香火龙为例 [J]. 人文地理，2015，40（1）：64-69.

[93] 申秀英，刘沛林，邓运员，等. 中国南方传统聚落景观区划及其利用价值 [J]. 地理研究，2006，25（3）：485-494.

[94] 刘沛林，刘春腊，邓运员，等. 中国传统聚落景观区划及其景观基因识别要素研究 [J]. 地理学报，2010，65（12）：1496-1506.

[95] 邓运员，代侦勇，刘沛林. 基于 GIS 的中国南方传统聚落景观保护管理信息系统初步研究 [J]. 测绘科学，2006，31（4）：74-77.

[96] 胡最，刘沛林. 基于 GIS 的南方传统聚落景观基因信息图谱的探索 [J]. 人文地理，2008，23（6）：13-16.

[97] 胡最，刘沛林，陈影. 传统聚落景观基因信息图谱单元研究 [J]. 地理与地理信息科学，2009，25（5）：79-83.

[98] 胡最，刘沛林，申秀英，等. 传统聚落景观基因信息单元表达机制 [J]. 地

理与地理信息科学，2010，26（6）：96-101.

[99] 刘沛林. 中国传统聚落景观基因图谱的构建与应用研究[D]. 北京：北京大学，2011：1-240.

[100] 王景慧，阮仪三，王林. 历史文化名城保护理论与规划[M]. 上海：同济大学出版社，1999.

[101] 张松. 历史城市保护学导论：文化遗产和历史环境保护的一种整体性方法[M]. 上海：上海科学技术出版社，2001.

[102] 许抄军，刘沛林，王良健. 历史文化名镇的非利用价值评估研究：以凤凰古城为例[J]. 经济地理，2005，25（2）：240-243.

[103] 许抄军，罗能生，刘沛林. 历史文化古城的游憩价值评估：以凤凰古城为例[J]. 经济地理，2006，26（3）：521-525.

[104] 陆元鼎，杨新平. 乡土建筑遗产的研究与保护[M]. 上海：同济大学出版社，2008.

[105] 赵万民. 基于社会网络重建的历史街区保护与更新研究：以重庆市长寿区三倒拐历史街区为例[J]. 规划师，2008，24（2）：9-14.

[106] 赵勇. 中国历史文化名镇名村保护理论与方法[M]. 北京：中国建筑工业出版社，2008.

[107] 刘沛林. "景观信息链"理论及其在文化旅游地规划中的运用[J]. 经济地理，2008，28（6）：1035-1039.

[108] 卢松. 历史文化村落居民对旅游影响的感知与态度模式研究[M]. 安徽：安徽人民出版社，2009.

[109] 刘沛林，刘春腊. 基于景观基因完整性理念的传统聚落保护与开发[J]. 经济地理，2009，29（10）：1731-1736.

[110] 周宏伟. 基于传统功能视角的我国历史文化村镇类型探讨[J]. 中国农史，2009，30（4）：92-101.

[111] 翟文燕，张侃侃，常芳. 基于地域"景观基因"理念下的古城文化空间认知结构：以西安城市建筑风格为例[J]. 人文地理. 2010，25（2）：78-80.

[112] 吴晓枫，高俊峰. 关于保护乡土建筑"真实性"原则的辨析[J]. 河北师范大学学报（哲学社会科学版），2010，33（1）：151-154.

[113] 刘沛林，刘春腊，邓运员，等. 我国古城镇景观基因"胞—链—形"的图示表达与区域差异研究[J]. 人文地理，2011，31（1）：19-23.

[114] TUAN Y F. Space and place：The perspective of experience[M]. Minneapolis：Minnesota University Press，1977：3-19.

[115] YOUNG T. Place matters[J]. Annals of the Association of American Geographers，2001，91（4）：681-682.

[116] WRIGHT J K. Terrae incognitae：The place of the imagination in geography[J].

Annals of the Association of American Geographers, 1947, 37 (1): 1 - 15.

[117] PROSHANSKY H M, FABIAN A K, Kaminoff R. Place identity: Physical world socialization of the self [J]. Journal of environmental psychology, 1983, 3 (1): 57 - 83.

[118] BERNARDO F, PALMA J M. Place change and identity processes [J]. Medio ambientey comportamiento humuno, 2005, 6 (1): 71 - 87.

[119] PROSHANSKY H M, FABIAN A K. The development of place identity in the child [M]. New York: Plenum Press, 1987.

[120] BREAKWELL G M. Coping with threatened identity [M]. London: Methuen, 1986.

[121] HERNÁNDEZ B, HIDALGO M C, SALAZAR-LAPLACE M E, et al. Place attachment and place identity in natives and non-natives [J]. Journal of environmental psychology, 2007, 27 (4): 310 - 319.

[122] TWIGGER-ROSS C, UZZELL D L. Place and identity processes [J]. Journal of environmental psychology, 1996, 16 (3): 205 - 220.

[123] 约翰斯顿. 哲学与人文地理学 [M]. 蔡云龙, 等译. 北京: 商务印书馆, 2000.

[124] 周尚意, 朱竑, 孔翔. 文化地理学 [M]. 北京: 高等教育出版社, 2004.

[125] 克朗. 文化地理学 [M]. 修订版. 杨淑华, 等译. 南京: 南京大学出版社, 2005.

[126] PROSHANSKY H M, FABIAN A K. Space for children: the built environment and child development [M]. New York: Plenum Press, 1987.

[127] KORPELA K M. Place-identity as a product environmental self-regulation [J]. Journal of environmental psychology, 1989, 9 (3): 247 - 256.

[128] KORPELA K M. Negative mood and adult place preference [J]. Environment & behavior, 2003, 35 (6): 331 - 346.

[129] DIXION J, DURRHEIM K. Dislocating identity: Desegregation and the transformation of place [J]. Journal of environmental psychology, 2004, 24 (4): 455 - 473.

[130] LOW S M. Symbolic ties that bind [C] //ALTMAN I, LOW S M. Place Attachment New York: Plenum Press, 1992: 1 - 12.

[131] KNEZ I. Attachment and identity as related to a place and its perceived climate [J]. Journal of environmental psychology, 2005, 25 (2): 207 - 218.

[132] DROSELTIS O, VIGNOLES V L. Towards an integrative model of place identification: Dimensionality and predictors of intrapersonal level place preferences [J]. Journal of environmental psychology, 2010, 30 (2): 23 - 34.

[133] STEDMAN R. Is it really just a social construction? The contribution of the

physical environment to sense of place [J]. Society and natural resources, 2003, 16 (8): 671 - 685.

[134] LALII M. Urban related identity: Theory, measurement and empirical fingdings [J]. Journal of environmental psychology, 1992, 12 (2): 283 - 304.

[135] WILLIAMS D R, VASKE J J. The measurement of place attachment: Validity and generalizability of a psychometric approach [J]. Forest science, 2003, 49 (6): 830 - 840.

[136] DE BRES K, DAVIS J. Celebrating group and place identity: a case study of a new regional festival [J]. Tourism geographies, 2001, 3 (3): 326 - 337.

[137] AITKEN S, STUTZ F, CHANDLER R. Neighborhood integrity and resident's familiarity: using a geographic information system to investigate place identity [J]. Tjidschrift voor economische en sociale geografie, 1993, 84 (1): 2 - 12.

[138] TALEN E, SHAH S. Neighborhood evaluation using GIS: An exploratory study [J]. Environment and behavior, 2007, 39 (5): 583 - 615.

[139] STOKOLS D, MISRA S, RUNNERSTROM M G, et al. Psychology in an age of ecological crisis from personal angst to collective action [J]. American psychologist, 2009, 64 (3): 181 - 193.

[140] MOORE R L, GRAEFE A R. Attachments to recreation settings: The case of rail-trail users [J]. Leisure sciences, 1994, 16 (1): 17 - 31.

[141] GIULIANI M V, FELDMAN R. Place attachment in a developmental and cultural context [J]. Journal of environment psychology, 1993, 13 (3): 267 - 274.

[142] TUAN Y F. Topophilia: A study of environmental perception [M]. Englewood Cliffs, NJ: Prentice-Hall, 1974.

[143] FLEURY-BAHI G, MARCOUYEUX A. Place avaluation and self-esteem at school: The mediated effect of place identification [J]. Educational studies, 2010, 36 (2): 85 - 93.

[144] HERNANDEZ B, MARTIN A M, RUIZ C, et al. The role of place identity and place attachment in breaking environmental protection laws [J]. Journal of environmental psychology, 2010, 30 (3): 281 - 288.

[145] NIELSEN-PINCUS M, HALL T, Force J E, et al. Socildmographic effects on place bonding [J]. Journal of environmental psychology, 2010, 30 (1): 443 - 454.

[146] UZZELL D L, POL E, BADENES D. Place identification, social cohesion, and environmental sustainability [J]. Environment and behavior, 2002, 34 (1): 26 - 53.

[147] CARRUS G, BONAIUTO M, BONNES M. Environmental concern, regional identity, and support for protected areas in Italy [J]. Environment and behavior, 2005, 37 (2): 237 - 253.

[148] HARNER J. Place identity and copper mining in Senora, Mexico [J]. Annals of

the association of American geographers, 2001, 91 (4): 660 - 680.

[149] SOJA E. Postmodern geographies: The reassertion of Space in critical social theory [M]. London: Verso, 1989. 76 - 93.

[150] 王希恩. 民族认同与民族意识 [J]. 民族研究, 1995, 16 (6): 17.

[151] 周星. 民族学新论 [M]. 西安: 陕西人民出版社, 1992: 17.

[152] 王建民. 民族认同浅议 [J]. 中央民族学院学报, 1991 (2): 2 - 5.

[153] 崔新建. 文化认同及其根源 [J]. 北京师范大学学报 (社会科学版), 2004 (4): 102 - 105.

[154] 韩震. 论国家认同、民族认同及文化认同: 一种基于历史哲学的分析与思考 [J]. 北京师范大学学报 (社会科学版), 2010, 35 (1): 106 - 113.

[155] 朱竑, 刘博. 地方感、地方依恋与地方认同等概念的辨析及研究启示 [J]. 华南师范大学学报 (自然科学版), 2011. 55 (6): 1 - 8

[156] 朱竑, 钱俊希, 陈晓亮. 地方与认同: 欧美人文地理学对地方的再认识 [J]. 人文地理, 2010 (6): 1 - 6.

[157] 庄春萍, 张建新. 地方认同: 环境心理学视角下的分析 [J]. 心理科学进展, 2011 (9): 1387 - 1396.

[158] 周尚意, 杨鸿雁, 孔翔. 地方性形成机制的结构主义与人文主义分析: 以798和M50两个艺术区在城市地方性塑造中的作用为例 [J]. 地理研究, 2011, 30 (9): 1566 - 1570

[159] 唐晓峰, 周尚意, 李蕾蕾. "超级机制" 与文化地理学研究 [J]. 地理研究, 2008, 27 (2): 431 - 436.

[160] 王爱平, 周尚意, 等. 关于社区地标景观感知和认同的研究 [J]. 人文地理, 2006, 21 (6): 124 - 128.

[161] 李凡, 朱竑, 黄维. 从地理学视角看城市历史文化景观集体记忆的研究 [J]. 人文地理, 2010, 25 (4): 60 - 66.

[162] 钱俊希, 钱丽芸, 朱竑. "全球的地方感" 理论述评与广州案例解读 [J]. 人文地理杂志, 2011 (6): 40 - 44.

[163] 张捷, 卢韶婧, 蒋志杰. 中国书法景观的公众地理知觉特征: 书法景观知觉维度调查 [J]. 地理学报, 2012, 67 (2): 230 - 238.

[164] 唐文跃. 城市居民游憩地方依恋特征分析: 以南京夫子庙为例 [J]. 地理科学, 2011, 31 (10): 1202 - 1207.

[165] 杨昀, 保继刚. 旅游社区外来经营者地方依恋的特征分析: 以阳朔西街为例 [J]. 人文地理, 2012, 27 (6): 81 - 86.

[166] 蔡晓梅, 朱竑. 高星级酒店外籍管理者对广州地方景观的感知与跨文化认同 [J]. 地理学报, 2012, 67 (8): 1057 - 1068.

[167] 朱竑, 钱俊希, 吕旭萍. 城市空间变迁背景下的地方感知与身份认同研究:

以广州小洲村为例[J]. 地理科学, 2012, 32 (1): 18-24.

[168] 赵向光, 李志刚. 中国大城市新移民的地方认同与融入[J]. 城市规划, 2013, 37 (12): 22-30.

[169] 刘博, 朱竑, 袁振杰. 传统节庆在地方认同构建中的意义: 以广州"迎春花市"为例[J]. 地理研究, 2012, 31 (12): 2197-2208.

[170] 戴光全, 肖璐. 基于区域联系和IPA的节事游客地方认同空间特征: 以2011西安世界园艺博览会为例[J]. 人文地理, 2012, 27 (4): 115-124.

[171] 李凡, 杨俭波, 何伟财. 快速城市化背景下佛山传统祠堂文化景观变化以及地方认同的构建[J]. 人文地理, 2013, 28 (6): 9-16.

[172] 张捷, 张宏磊, 唐文跃. 中国城镇书法景观空间分异及其地方意义: 以城镇商业街区为例[J]. 地理学报, 2012, 67 (12): 2209-2219

[173] 魏峰. 从先贤祠到乡贤祠: 从先贤祭祀看宋明地方认同[J]. 浙江社会科学, 2008 (9): 92-96.

[174] 郑衡泌. 民间祠神视角下的方认同形成和结构: 以宁波广德湖区为例[J]. 地理研究, 2013, 31 (12): 2209-2219.

[175] 冀满红. 民众迁徙、家园符号与地方认同: 以洪洞大槐树和南雄珠玑巷移民为中心的探讨[J]. 史学理论研究, 2011 (2): 100-109.

[176] 罗一星. 资源控制与地方认同: 明以来芦苞宗族组织的构建与发展[J]. 中国社会经济史研究, 2007 (1): 41-53.

[177] 科大卫. 国家与礼仪: 宋至清中叶珠江三角洲地方社会的国家认同[J]. 中山大学学报(社会科学版), 1999 (5): 65-73.

[178] 科大卫, 刘志伟. 宗族与地方社会的国家认同: 明清华南地区宗族发展的意识形态基础[J]. 历史研究, 2000 (3): 3-15.

[179] 刘朝晖. 社会记忆与认同构建: 松坪归侨社会地域认同的实证剖析[J]. 华侨华人历史研究, 2003 (2): 11-18.

[180] 周尚意, 吴莉萍, 苑伟超. 景观表征权力与地方文化演替的关系: 以北京前门—大栅栏商业区景观改造为例[J]. 人文地理, 2010, 25 (5): 1-5.

[181] 林耿. 地方认同与规划中的权力构建: 基于规划选址的案例分析[J]. 城市规划, 2013 (5): 35-41.

[182] 《侗族简史》编写组. 侗族简史[M]. 贵阳: 贵州民族出版社, 1985.

[183] 李长杰. 桂北民间建筑[M]. 北京: 中国建筑工业出版社, 1990.

[184] 刘涛, 孙志远, 龚旭, 等. 侗族传统建筑形制与空间研究[M]. 沈阳: 辽宁美术出版社, 2014.

[185] 赵巧艳. 中国侗族传统建筑研究综述[J]. 贵州民族研究, 2011, 32 (4): 101-109.

[186] 覃彩銮. 风格独具的侗族传统建筑[J]. 广西民族研究, 2003 (4): 2.

[187] 蒋卫平. 论湘西侗族传统建筑风格及其保护 [J]. 艺术百家, 2016 (3): 246-247.

[188] 朱馥艺. 侗族建筑与水 [J]. 华中建筑, 1996, 14 (1): 1-4.

[189] 单德启, 等. 中国民居 [M]. 北京: 五洲传播出版社, 2003.

[190] 牛建农. 广西民居 [M]. 北京: 中国建筑工业出版社, 2008.

[191] 宛志贤. 民族民间艺术瑰宝: 鼓楼·风雨桥 [M]. 贵阳: 贵州民族出版社, 2009.

[192] 郎维宏. 黔东南侗族建筑装饰初探 [D]. 重庆: 重庆大学, 2007.

[193] 蒋馨岚. 侗族建筑文化遗产研究 [D]. 武汉: 华中师范大学, 2009.

[194] 李哲, 柳肃. 湘西侗族传统民居现代适应性技术体系研究 [J]. 建筑学报, 2010, 56 (3): 100-103.

[195] 张民. 侗族"鼓楼"探 [J]. 中央民族大学学报, 1986, 45 (2): 92-95.

[196] 杨昌鸣. 寨桩·集会所·鼓楼: 侗族鼓楼发生发展过程之我见 [J]. 贵州民族研究, 1992 (3): 73-79.

[197] 普虹. 独脚"罗汉楼"今古考 [J]. 贵州民族研究, 1989, 11 (1): 126-127.

[198] 蔡凌. 侗族聚居区的传统村落与建筑 [M]. 北京: 中国建筑工业出版社, 2007.

[199] 黄梅. 近年来侗族侗款制度研究综述 [J]. 传承, 2013 (9): 101-103.

[200] 郝瑞华. 全球化语境下民族认同的构建与突围 [J]. 贵州民族研究, 2014 (5): 1-4.

[201] 姚丽娟, 石开忠. 侗族地区的社会变迁 [M]. 北京: 中央民族大学出版社, 2005.

[202] 阙跃平. 民族学视野下的侗族风雨桥: 以广西三江程阳桥为例 [D]. 北京: 中央民族大学, 2007.

[203] 廖君湘. 侗族传统社会外部控制诸方式 [J]. 贵州民族研究, 2005 (4): 67-73.

[204] 邓敏文, 吴浩. 侗款的历史变迁 [J]. 民族论坛, 1994 (2): 60-66.

[205] 石开忠. 侗族习惯法的文本及其内容、语言特点 [J]. 贵州民族研究, 2000 (1): 21-24.

[206] 向零. 洞款乡规及其演变: 对侗族社会组织形式、功能及其演变的探讨 [J]. 贵州民族研究, 1989 (3): 20-27.

[207] 欧潮泉, 姜大谦. 侗族文化词典 [M]. 香港: 华夏文化艺术出版社, 2002.

[208] 吴浩. 中国侗族村寨文化 [M]. 北京: 民族出版社, 2004.

[209] 廖君湘. 南部侗族传统文化特点研究 [D]. 兰州: 兰州大学, 2006.

[210] 余达忠. 侗族"鼓楼文化"的层面分析 [J]. 贵州民族研究, 1989 (3):

44-48.

[211] 杜倩萍. 侗寨鼓楼建筑特色及文化内涵[J]. 中央民族大学学报, 1996, 28(1): 62-66.

[212] 李东泽. 从恭城孔庙和程阳风雨桥看儒侗和谐审美观的差异[J]. 社会科学家, 1995 (4): 69-74.

[213] 石开忠. 侗族风雨桥成因的人类学探析[J]. 贵州民族学院学报, 2010 (4): 37-40.

[214] 黄雯. 论侗族文学中的生态意识[J]. 贵州社会科学, 2008 (7): 59-63.

[215] 廖开顺, 石佳能. 侗族神话与侗族幻象和意象文化心理[J]. 民族论坛, 1995 (2): 61-65, 24.

[216] 廖开顺. 侗族歌谣事象的文化功能[J]. 民间文化, 2000 (7): 21-24.

[217] 陈丽琴. 论侗戏的审美生成、发展与走向[J]. 经济与社会发展, 2003, 1(12): 154-158.

[218] 欧俊娇. 侗戏风俗研究[J]. 贵州民族学院学报, 2004 (5): 57-60.

[219] 周恒山. 试论侗戏的个性特征及其发展趋势[J]. 贵州民族研究, 1990 (4): 146-149.

[220] 邓光华. 侗族大歌音乐心理初探[J]. 中国音乐, 1996 (4): 22-23.

[221] 赵晓楠. 传统婚俗中的小黄寨侗族音乐: 对小黄寨侗族音乐的文化生态考察之一[J]. 中国音乐学, 2001 (3): 86-95.

[222] 乔馨. 论侗族大歌传统音乐文化的传承[J]. 东北师大学报(哲学社会科学版), 2007 (4): 109-114.

[223] 石霞峰. 侗锦的文化意义初探[J]. 民族论坛, 2010 (8): 50.

[224] 仇保兴. 调查传统村落底数,保护利用遗产资源[J]. 小城镇建设, 2012 (6): 16-23.

[225] 刘大均, 胡静, 陈君子, 等. 中国传统村落的空间分布格局研究[J]. 中国人口·资源与环境, 2014, 24 (4): 157-162.

[226] 佟玉权. 基于GIS的中国传统村落空间分异研究[J]. 人文地理, 2014, 29 (4): 44-51.

[227] 谢友宁, 盛志伟. 国外历史文化名城名镇保护策略鸟瞰[J]. 现代城市研究, 2005 (1): 39-45.

[228] 吕晶, 蓝桃彪, 黄佳. 国内传统村落空间形态研究综述[J]. 广西城镇建设, 2012 (4): 71-73.

[229] 陶伟, 陈红叶, 林杰勇. 句法视角下广州传统村落空间形态及认知研究[J]. 地理学报, 2013, 68 (2): 209-218.

[230] 刘华杰, 陈芬, 陈圣疆. 福州传统村落外部空间形态分析[J]. 陕西科技大学学报(自然科学版), 2010 (6): 144-148.

[231] 陆林，等. 徽州古村落的演化过程及其机理 [J]. 地理研究，2004，23 (5)：686-694.

[232] 吴必虎，肖金玉. 中国历史文化村镇空间结构与相关性研究 [J]. 经济地理，2011，32 (7)：6-11.

[233] 纪小美，付业勤，朱翠兰. 中国传统村落的地域分异与影响因素研究 [J]. 沈阳建筑大学学报（社会科学版），2015，17 (5)：452-460.

[234] 张景华，吴志峰，吕志强，等. 城乡样带景观梯度分析的幅度效应 [J]. 生态学杂志，2008，27 (6)：978-984.

[235] 林奇. 城市意象 [M]. 北京：华夏出版社，2011.

[236] 张春晖，白凯，马耀峰. 西安入境游客目的地空间意象认知序列研究 [J]. 地理研究，2014，33 (7)：1315-1334.

[237] 鲁政. 认知地图的空间句法研究 [J]. 地理研究，2013，68 (10)：1401-1410.

[238] 顾朝林，宋国臣. 北京城市意象空间及构成要素研究 [J]. 地理学报，2001，56 (1)：64-74.

[239] 陈梦远，徐建刚. 城市意象热点空间特征分析：以南京为例 [J]. 地理研究，2014，33 (12)：2286-2298.

[240] 李雪铭，李建宏. 大连城市意象空间意象分析 [J]. 地理学报，2006，61 (8)：809-817.

[241] 王继英. 侗族鼓楼产生及发展时代新探 [J]. 贵州民族研究，1990，12 (1)：69-73.

[242] 杨立国，刘沛林，林琳. 传统聚落景观基因在地方认同建构中的作用效应 [J]. 地理科学，2015，35 (5)：593-598.

[243] NOGUE J, VICENTE J. Landscape and national identity in Catalonia [J]. Political Geography，2004，23 (2)：113-132.

[244] HARNER J. Place identity and copper mining in Senora, Mexico [J]. Annals of the Association of American Geographers，2001，91 (4)：660-680.

[245] 唐顺英，周尚意. 浅析文本在地方性形成中的作用：对近年文化地理学核心刊物中相关文章的梳理 [J]. 地理科学，2011，31 (10)：1159-1165.

[246] 刘博，朱竑. 新创民俗节庆与地方认同构建：以广府庙会为例 [J]. 地理科学进展，2014，33 (4)：574-583.

[247] ROWLES G D. Place and personal identity in old age：Observations from Appalachia [J]. Journal of environmental psychology，1983，3：81-104.

[248] BLAKE K. Colorado Fourteeners and the nature of place identity [J]. Geographical review，2002，92 (2)：155-179.

[249] 唐琳，凌虹，陈晨. 地方、景观与文化认同：我国旧城改造的文化地理学分

析［J］. 湖北函授大学学报，2014，27（13）：86-87.

［250］邓敏文. 侗族文化三样宝：鼓楼、大歌、风雨桥［N］. 中国文化报，1993-01-08.

［251］杨锡光，杨锡，吴治德. 侗款［M］. 长沙：岳麓书社，1988.

［252］庄春萍，张建新. 地方认同：将"地方"纳入"自我"认同结构［N］. 中国社会科学报，2012-04-18（B02）.

［253］WATSON J B. Behavior：An Introduction to Comparative Psychology［M］. New York：Henry Holt and Company，Inc，1914.

［254］余压芳. 景观视野下的西南传统聚落保护：生态博物馆的探索［M］. 上海：同济大学出版社，2012.

［255］陈勤建. 古村落（镇）原住民生活流的可持续发展：古村落（镇）非物质文化遗产保护思考［J］. 民间文化论坛，2008（6）：33-38.

附录 1

侗族传统村落景观基因感知与地方认同调查问卷

一、居民基本信息

姓氏_____性别____年龄____职业_____居住时间_____寨子_____；教育程度____；
上网____次/周；打工时间____天/年，地点____工种____汉语程度□会说□会听；
□唱侗歌□吹芦笙□会侗款□织侗锦□演侗戏

二、景观基因确定

1. 说起侗族村寨，你会想起哪些景观_____（自己填写）
2. 下列景观中，您觉得最能代表侗族村寨的是哪几个？
□鼓楼 □风雨桥 □吊脚木楼 □萨坛 □寨门 □石板路 □围鼓楼住 □杉山溪田 □_____

三、景观基因感知

	物质形态	功能作用	文化意义
鼓楼	*颜色* □红□灰□白□黄□黑 *形状* □树形□宝塔□楼房形 *大小* 长__×宽__×高__米 *图案* □花卉□仙鹤□龙凤	□休闲娱乐□节庆聚会 □聚会议事□婚丧嫁娶 □报警标志□讲款祭祀	□象征杉树□象征凤凰 □象征巢居□象征族姓 □象征火神□象征汉化
风雨桥	*颜色* □红□灰□白□黄□黑 *形状* □长廊□宝塔□长条形 *大小* 长__×宽__×高__米 *图案* □花草□人物□瑞兽	□休闲娱乐□迎宾送客 □遮阳避雨□风水祈福 □标志□美观	□对龙图腾 □象征吉祥 □象征祈福
吊脚楼	*颜色* □红□灰□白□黄□黑 *形状* □亭阁□宝塔□宫殿 *大小* 长__×宽__×高__米 *图案* □花草□牛角□瑞兽	□休闲娱乐□迎宾送客 □生活起居□圈养牲畜 □标志□美观	□象征巢居 □象征吉祥 □象征祈福
萨坛	*颜色* □红□灰□白□黄□黑 *形状* □庙□土丘□圆□亭子 *大小* 长__×宽__×高__米 *图案* □花草□瓦片	□保境安民□驱鬼镇宅 □祖先祭祀□凝聚团结 □标志□美观	□象征祖先 □象征女神 □象征平安

续上表

	物质形态	功能作用	文化意义
寨门	颜色 □红 □灰 □白 □黄 □黑 形状 □桥 □门 □亭子 □牌坊 大小 长__×宽__×高__米 图案 □花草 □牛角 □瑞兽	□迎宾送客 □界线 □防御 □标志 □美观	□象征领域 □象征家园 □象征权力
石板路	颜色 □红 □灰 □白 □黄 □黑 形状 □直线 □折线 □曲线 □环 大小 长__×宽__米__条 图案 □____	□出行 □界线 □排水 □导向 □美观	□象征历史 □代表财富 □代表规模
围鼓楼住	组成 □房 □鼓楼 □路 □桥 □河 形状 □圆形 □方形 □长条形 范围 __长 □__宽 □__半径 图案 □____	□互助 □界线 □标志 □美观	□象征家族 □象征血缘 □象征团结
杉山溪田	组成 □寨子 □水田 □杉山 □河 形状 □峡谷 □平地 □盆地 □____ 范围 __长 □__宽 □__半径 图案 □____	□互助 □界线 □方便生产 □标志 □美观	□象征风水 □尊重环境 □自给自足

四、地方认同

	特性认知	情感依恋	行为意向
鼓楼	□侗寨独特景观； □侗寨重要景观； □侗寨一般景观；	活动时有愉悦感 □非常 □比较 □一般 □没有； 看见了有回家感 □很强 □较强 □一般 □没有； 申遗了有自豪感 □很强 □较强 □一般 □没有；	月活动次数 □2次 □4次 □12次 □30次 推荐意愿 □非常 □比较 □一般 □不会 维修意愿 □非常 □比较 □一般 □不会
风雨桥	□侗寨独特景观； □侗寨重要景观； □侗寨一般景观；	活动时有愉悦感 □非常 □比较 □一般 □没有； 看见了有回家感 □很强 □较强 □一般 □没有； 申遗了有自豪感 □很强 □较强 □一般 □没有；	月活动次数 □2次 □4次 □12次 □30次 推荐意愿 □非常 □比较 □一般 □不会 维修意愿 □非常 □比较 □一般 □不会
吊脚楼	□侗寨独特景观； □侗寨重要景观； □侗寨一般景观；	活动时有愉悦感 □非常 □比较 □一般 □没有； □1～2小时 □＜1小时 看见了有回家感 □很强 □较强 □一般 □没有； 申遗了有自豪感 □很强 □较强 □一般 □没有；	家外时间 □＞3小时 □2～3小时 推荐意愿 □非常 □比较 □一般 □不会 改砖房愿 □非常 □比较 □一般 □不会
萨坛	□侗寨独特景观； □侗寨重要景观； □侗寨一般景观；	活动时有敬畏感 □非常 □比较 □一般 □没有； 看见了有回家感 □很强 □较强 □一般 □没有； 申遗了有自豪感 □很强 □较强 □一般 □没有；	年活动次数 □0次 □1次 □2次 □＞2次 推荐意愿 □非常 □比较 □一般 □不会 阻止破坏 □非常 □比较 □一般 □不会

续上表

	特性认知	情感依恋	行为意向
寨门	□侗寨独特景观；	活动时有愉悦感□非常□比较□一般□没有；	年过次数□2～3次□4～10次□11～30次 □>30次
	□侗寨重要景观；	看见了有回家感□很强□较强□一般□没有；	推荐意愿□非常□比较□一般□不会
	□侗寨一般景观；	申遗了有自豪感□很强□较强□一般□没有；	维修意愿□非常□比较□一般□不会
石板路	□侗寨独特景观；	行走时有愉悦感□非常□比较□一般□没有；	月过次数□2～3次□4～10次□11～30次 □>30次
	□侗寨重要景观；	看见了有回家感□很强□较强□一般□没有；	推荐意愿□非常□比较□一般□不会
	□侗寨一般景观；	申遗了有自豪感□很强□较强□一般□没有；	改水泥意愿□非常□比较□一般□不会
围鼓楼住	□侗寨独特景观；	活动时有愉悦感□非常□比较□一般□没有；	去斗外次数□<1次□1～2次□3～4次 □>5次
	□侗寨重要景观；	看见了有安全感□很强□较强□一般□没有；	推荐意愿□非常□比较□一般□不会
	□侗寨一般景观；	申遗了有自豪感□很强□较强□一般□没有；	改围住意愿□非常□比较□一般□不会
杉山溪田	□侗寨独特景观；	活动时有愉悦感□非常□比较□一般□没有；	寨外活动数□2～3次□4～10次□11～30次 □>30次
	□侗寨重要景观；	看见了有安全感□很强□较强□一般□没有；	推荐意愿度□非常□比较□一般□不会
	□侗寨一般景观；	申遗了有自豪感□很强□较强□一般□没有；	改杉山水田□非常□比较□一般□不会

附录 2

侗族传统村落景观基因感知与地方认同访谈提纲

将访谈对象分为外来经营者（分为附近和远地）和本地居民（分为长期居住者、附近兼业者和长期在外打工者）。

被访谈者姓名：　　年龄：　　职业：　　原住地：　　来侗寨时间：

（1）村干部访谈提纲
①村落人口和经济发展怎么样？
②你们村什么时候开发旅游？收入怎么样？
③村里有没有非物质景观传承项目和传承人？
④政府有什么优惠或鼓励发展旅游的政策？
⑤举行过什么大型对外宣传的活动没有？

（2）本地居民访谈提纲
①请你画出侗寨意象图。（提示：鼓楼、风雨桥、萨坛、寨门、吊脚木楼、围鼓楼而居、杉山小溪水田、石板路）
②您经常去哪些景观，去那里干什么？
③你觉得这些景观有什么功能？它代表什么文化含义？
④这些景观现状如何？对于改建你是什么态度？
⑤生活在这里是否很开心，为什么？是否打算长期住下去？
⑥是否能够说出艺术品店、酒吧、饭店、休闲会所等的名字和位置？
⑦是否支持外来经营者入住？为什么？是否将他们视为侗寨的一分子？
⑧是否支持外来经营者的经营活动，是否愿意自己经营？
⑨是否了解外来经营者的工作，是否支持他们？

（3）外来经营者访谈提纲
①是否能够说出鼓楼、风雨桥、萨坛、寨门、吊脚木楼、围鼓楼而居、杉山小溪水田、石板路的名字和位置？
②是否了解本地村民的工作，是否支持他们？
③是否支持本地村民的侗歌、侗款活动，是否愿意加入这些活动？

附录 3

侗族传统村落非物质文化景观调查与访谈提纲

①每个传统村落调查与访谈 40～60 份,重点调查村干部、寨老、木匠、经营者、学生、长期在外打工的、长期在家的、在附近打工的等代表人群。

②侗族传统村落(侗寨)的主要非物质景观有:侗话、侗歌、芦笙、侗款、侗锦、侗戏。

③调查时候采取李克特 5 分制量表的方法进行量化赋分:非常同意(5 分),比较同意(4 分),同意(3 分),不同意(2 分),非常不同意(1 分)。

P1 会讲侗话(会唱侗歌、会吹芦笙、会讲侗款、会织侗锦、会演侗戏)是侗族人独特的文化景观;

P2 会讲侗话(会唱侗歌、会吹芦笙、会讲侗款、会织侗锦、会演侗戏)是侗族文化的重要景观;

P3 会讲侗话(会唱侗歌、会吹芦笙、会讲侗款、会织侗锦、会演侗戏)是侗寨文化的重要组成部分;

P4 我非常喜欢讲侗话(会唱侗歌、会吹芦笙、会讲侗款、会织侗锦、会演侗戏);

P5 我愿意向他人推荐侗话(侗歌、芦笙、侗款、侗锦、侗戏);

P6 如果举办侗话(侗歌、芦笙、侗款、侗锦、侗戏)比赛让我感到骄傲和自豪;

P7 会讲侗话(会唱侗歌、会吹芦笙、会讲侗款、会织侗锦、会演侗戏)让我产生对侗寨(人)的归属感;

P8 会讲侗话(会唱侗歌、会吹芦笙、会讲侗款、会织侗锦、会演侗戏)让我感觉自己融入了侗寨(人);

P9 会讲侗话(会唱侗歌、会吹芦笙、会讲侗款、会织侗锦、会演侗戏)让我感到我是侗寨的一分子;

P10 会讲侗话(会唱侗歌、会吹芦笙、会讲侗款、会织侗锦、会演侗戏)让我对侗寨产生认同感。

附录4

调查照片及彩图

图1　通道县芋头侗寨芦笙鼓楼老年人访谈

图2　通道县芋头侗寨导游访谈

图3　通道县芋头侗寨木匠访谈

图4　通道县芋头侗寨芽上鼓楼

图5 通道县芋头侗寨居民家访谈

图6 通道县芋头侗寨太和鼓楼访谈

图7 通道县芋头侗寨风雨桥

图8 通道县芋头侗寨萨坛

图9 通道县坪坦侗寨风雨桥

图10 通道县坪坦侗寨南岳庙

附录4 调查照片及彩图

图11 黎平县肇兴侗寨学生问卷调查

图12 黎平县肇兴侗寨风雨桥内的彩绘

图13 黎平县肇兴侗寨在家年轻人访谈

图14 黎平县肇兴侗寨外来经营者访谈

图15 三江县高定侗寨侗戏表演人访谈

图16 三江县高定侗寨在家务农人访谈

图17 三江县程阳侗寨鼓楼歌堂

图18 三江县程阳侗寨永济风雨桥

图19 新晃县天井侗寨侗戏渊源碑志

图20 黎平县肇兴侗寨鼓楼造型及装饰

图21 黎平县肇兴侗寨房屋改建情况

图22 黎平县肇兴侗寨商业化情况

附录4　调查照片及彩图

图 23　黎平县肇兴侗寨萨玛节表演舞台　　图 24　黎平县肇兴侗寨侗族大歌演艺中心

图 25　黎平县肇兴侗寨旅游商贸街　　图 26　黎平县肇兴侗寨鼓楼夜景

 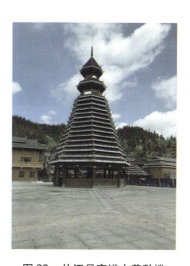

图 27　从江县岜扒侗寨鼓楼　　图 28　从江县高增小黄鼓楼

165

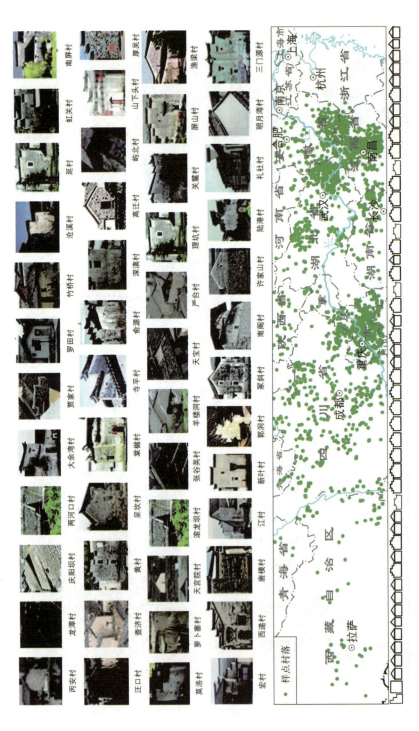

彩图1 28°N—32°N 传统村落样带样点

彩图 2　110°E—116°E 传统村落样带样点

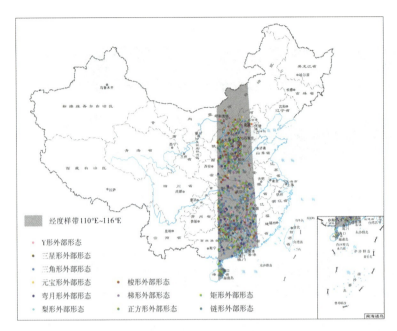

彩图3　中国传统村落外部形态经向分异

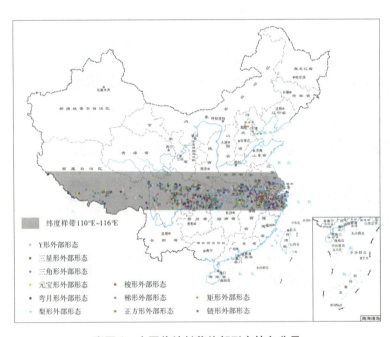

彩图4　中国传统村落外部形态纬向分异

后　　记

　　本书脱胎于自己的博士学位论文，因此有必要先记录下论文诞生的过程。论文最早的思路产生于2011年9月12日的读书会上，第一次和导师林琳教授讨论博士研究方向，还记得当时在建筑地理和健康地理两个方向徘徊；正式确定选题是在2012年10月的开题会上。2013年1月10—17日，我带两个学生赴湖南怀化通道调研；2月完成一篇小论文；12月完成论文初稿，随后发给林琳教授和刘沛林教授审阅，按照他们的修改意见进行修改，并以此为基础申报2014年的国家自然科学基金青年项目（该项目有幸于2014年8月获得批准）。2014年7月5—20日，我带领3个学生赴湖南通道、广西三江、贵州黎平等地30多个侗寨进行调研；11月完了其中的第二篇小论文；12月开始学位论文的写作。紧锣密鼓的写作是从2015年大年初三开始，直到二月初三；在熬了整整两个月后，终于完成了带摘要和致谢的完整稿。论文答辩顺利通过后，进入博士后学习阶段，期间经过几番修改，于2020年11月30日成书。回想这段历程，一路上要感谢太多的人的帮助！

　　早在2003年本科毕业时的我就有求学中山大学的梦想，直到2011年我有幸成为中山大学的一名博士生，要特别感谢衡阳师院刘沛林教授的鼓励，更要感谢中山大学保继刚教授、朱竑教授、薛德升教授和我的恩师林琳教授的提携和支持，否则我难以实现入中山大学求学的梦想。在职求学的历程充满曲折艰辛，当我完成学位论文时，时光已逝四年！回首往事，感慨万端，难以言表。此刻最想表达的是一份真挚的感激之情：感谢师长亲友、感谢生活、感谢这一路上给我帮助的每一个人！

　　首先要感谢我的导师林琳教授，她对学术领域的坚持、严谨治学的态度、渊博的学识、深邃的思想，无不给我以深刻的教益。本书从立题到完成送审稿，一直得到林老师的耐心指导和严格把关，导师对论文提出了许多建设性意见，文中的不足和错误应该由作者本人负完全责任，出版的过程中也给了我很多的建议。

　　感谢许学强教授、司徒尚纪教授、闫小培教授、薛德升教授、周春山教授、朱竑教授、柳林教授、周素红教授、李志刚教授对我论文的指导！这些老师博闻强识、造诣深厚、思想敏锐，令人佩服。

感谢我的硕士生导师周国华教授一如既往地给我以支持和帮助，并对论文修改提出了指导意见。感谢我工作单位的同事邓运员教授、田亚平教授、郑文武教授、胡最教授、李强博士，感谢他们在学术上给我的帮助和为人处事方面的启迪。还要特别感谢我学生吴阳东、胡景强、俞媚、何丁霖同学在调研和资料整理上提供的帮助。感谢国家自然科学基金项目（41401148、41471118）的支持！

感谢学长刘炜，同学王武林、曾献君、贺中华、吴吉林、万惠、李如铁、陆依依、闵飞在我课程学习中给予了多方面的帮助。也要感谢周鹏飞、卢道典、李诗元、杨莹、任炳勋、钟志平等同门师兄弟（妹）对我的帮助与支持！

还要感谢我的妻子刘小兰女士，无论家里家外、事业学业，她总是给我以坚定不移的支持和毫无保留的付出；遇到烦恼时，她是我最好的交流诉说对象。听话懂事的女儿给了我很多动力。还要特别感谢勤劳善良的岳母、岳父、爸爸、妈妈，他们承担了我们这个小家庭所有的家务，给我们以无微不至的照顾。亲人的关爱和对亲人怀有的强烈责任感，是我最大的精神动力。我要向他们致以深深的谢意和歉意！

杨立国

2021 年 12 月 1 日于衡阳师范学院理科楼